ワクワク!!

ローカル鉄道路線

◆著◆ 梅原 淳

関西編

ゆまに書房

もくじ

はじめに

全国に広大なネットワークをもつ鉄道は、それぞれがさまざまな役割を与えられて建設されました。人々が都市と都市との間を高速で移動する目的で整備されたのは新幹線ですし、大都市のJR、大手民鉄、地下鉄各社の路線は、都心部への通勤や通学の足となるためにつくられました。今日では少なくなりましたが、大量の貨物を運ぶためだけの目的で線路が敷かれた路線も工業地帯を中心に健在です。

そのようななか、もともと人があまり住んでいない地域ですとか、過疎化が進んだ地域を行く鉄道も各地で見られます。終点がある程度の規模の都市にあり、途中は人口がまばらなところというのでしたらまだしも、乗っているうちにどんどん人の気配が薄れていく路線も少なくありません。

もちろん、こうした路線も立派な役割を担って建設されました。交通の便が悪かった地域に鉄道を敷いて人々や物資の移動に役立てると同時に沿線の開発や振興を図るとか、沿線で産出される品々を大都市に出荷するためであるといった目的です。しかし、いま、ローカル線と呼ばれる鉄道の多くは、計画されていたときの役割を果たせなくなってしまいました。時代の変化に伴って果たすべき事柄が消えてしまったのです。沿線の開発や振興は成し遂げられ、人々や物資の移動はより小回りの利く自動車に取って代わったからといえるでしょう。

本書では全国を「北海道・北東北」「南東北・北関東」「南関東広域」「北陸・信越・中部」「関西」「中国・四国・九州・沖縄」の6つの地域に分け、ローカル線を紹介することとしました。取り上げるにあたっては3つの点を重視しています。

まずは今後の動向です。近い将来に営業が廃止されるような予定や動きが見られる路線は、やはり優先的に取り上げました。

続いては旅客や貨物の輸送量です。少々専門的となってしまいますが、その路線の1kmにつき、1日当たりどのくらいの人数の旅客やトン数の貨物が通過しているかを基準としました。原則として旅客は4000人未満、貨物は4000トン未満の路線から選んでいます。

最後は路線のもつ特徴から判断しました。旅客や貨物の通過量が少ない点に加えて、たとえば、険しい峠越えが待ち構えているとか、延々と海沿いに敷かれているとか、ほかの路線にはない際立った特徴をもつ路線はやはり紹介しなければなりません。

全線を通じて見れば旅客や貨物の通過量が多く、ローカル線とは考えられないものの、全国には同じ路線内でも一部の区間だけ極端に旅客や貨物の通過量が少ない路線が数多くあります。概してこのような区間は非常に際立った特徴をもつといえますので、できる限り紹介しました。

本巻では滋賀県、京都府、奈良県、大阪府、兵庫県、和歌山県を通る路線を対象とし、合わせて関西編として紹介しました。この地域は人口密度が高いために旅客輸送密度の大きな路線が多く、他巻のように4000人未満という尺度では対象とする路線が少なくなりすぎてしまいます。そこで、旅客輸送密度が4000人以上の路線も含めることとしまして、紹介の際にはなぜ取り上げたかを記すよう努めました。また、都市化の進展によって大都市近郊の通勤路線へと変貌を遂げている路線が目立つのも本編の特徴でして、喜ばしい限りです。他の路線も今後変貌を遂げて、地域の足の担い手として復活することを期待します。

梅原 淳

凡例

○本書で紹介した各路線についての状況は、2018（平成30）年4月1日現在のものです。ただし、旅客輸送密度は2015（平成27）年度の数値となります。旅客輸送密度の求め方は「年間の輸送人員×旅客1人当たりの平均乗車キロ÷年間の総営業キロ」です。

○文中で「橋りょう」とは、鉄道の構造物で川や海などの水場、それから線路、道路などを越えるもののうち、川や海などの水場を越えるものを指します。

○こう配の単位のパーミルとは千分率です。水平に1000ｍ進んだときの高低差を表します。

JR西日本

山陰線

京都〜幡生間、長門市〜仙崎間 [営業キロ]676.0km

[最初の区間の開業]1897(明治30)年2月15日／二条〜嵯峨嵐山間
[最後の区間の開業]1933(昭和8)年2月24日／須佐〜宇田郷間
[複線区間]京都〜園部間、綾部〜福知山間、伯耆大山〜安来間、東松江〜松江間、玉造温泉〜来待間
[電化区間]京都〜城崎温泉間、伯耆大山〜西出雲間／直流1500ボルト
[旅客輸送密度]4783人

長大な山陰線の京都府、兵庫県の区間を行く

JR西日本の山陰線は京都府京都市の京都駅を起点とし、山口県下関市の幡生駅を終点とする673.8kmの路線です。加えて山陰線には山口県長門市の長門市駅を起点とし、同じく長門市の仙崎駅を終点とする2.2kmの支線もあります。

今回紹介したいのは、長大な山陰線のうち、関西編に含まれる京都府、兵庫県内の区間です。具体的にいいますと、京都駅と兵庫県新温泉町の居組駅との間の204.2kmが相当します。JR西日本は山陰線について、主要な区間ごとに旅客輸送密度を発表しており、2017(平成29)年度に本巻で基準とする8000人を下回っていたのは、京都府綾部市の綾部

○豊岡〜浜坂間を往復する山陰線の普通列車。用いられているディーゼルカーはJR西日本のキハ40系で、国鉄時代の1977年から走り続けている。竹野〜佐津間*

駅と京都府福知山市の福知山駅との間の12.3kmで6159人、福知山駅と兵庫県豊岡市の城崎温泉駅との間の69.5kmで3644人、城崎温泉駅と新温泉町の浜坂駅との間の39.9kmで801人、浜坂駅から居組駅を経て鳥取県鳥取市の鳥取駅までの32.4kmで965人でした。ですので、ここでは綾部～居組間128.0kmを取り上げることとしましょう。

綾部駅はJR西日本の舞鶴線の列車も発着する駅です。東西方向に敷かれた線路を舞鶴線の列車は東へ向かうので、西に向けて綾部駅を出発した山陰線居組駅方面の列車と並走する機会はありません。

福知山駅までの区間は複線で、ところどころで木々の緑が目立つものの、基本的には市街地の中を走っています。いずれ旅客輸送密度も8000人を超えるに違いありません。

平坦な区間をほぼ直線で走り抜け、高架橋を走り始めますと福知山駅に到着です。この駅は山陰線だけでなく、兵庫県尼崎市の尼崎駅とこの駅との間の106.5kmを結ぶ福知山線の終点です。さらには北近畿タンゴ鉄道が線路を保有し、WILLER TRAINSが旅客営業を担当しているという、京都府宮津市の宮津駅とこの駅との間の30.4kmを結ぶ宮福線（38ページ参照）の終点でもあります。このため、福知山駅は交通の要衝として発展し、規模の大きな車両基地として福知山電車区も設けられました。

福知山駅を出発した列車は左側に2組、右側に1組の線路と並走します。左側の線路は福知山電車区に出入りするための線路で、山陰線の営業用の線路より立派な複線が敷かれました。右側の線路は先ほど取り上げた宮福

○朝霧におおわれた養父駅に綾部駅・京都駅方面の上り普通列車が到着した。車両はJR西日本の113系電車で、国鉄時代から用いられている。*

○豊岡駅に停車中の豪華寝台列車の「トワイライトエクスプレス瑞風」。周遊コースには山陰線の全線が含まれている。*

線のものです。宮福線も山陰線、それから福知山電車区に出入りする線路ともども電化されていて、架線が張りめぐらされました。

宮福線の単線とは3kmほど並走した後、列車は左に曲がって分かれます。2本のトンネルを出ますとそれまでとは景色は一変し、周囲は牧川に沿った谷間となりました。列車の左側は主に針葉樹から成る木々が茂った斜面、右側は主に水田です。

福知山駅の隣の上川口駅を経て次の下夜久

キャプションに*印がついている写真は、ピクスタ提供によるものです（以下同）。

野駅を出ますと、谷間はいっそう険しくなり、列車は峠越えに挑みます。上り坂は7.4km離れた隣の上夜久野駅を出た直後まで。こう配は12.5パーミルと比較的緩く、また出力の大きな電車が走っていることもあり、坂を軽やかに上っていきます。

上夜久野駅を出ますとすぐに長さ1287mの夜久野トンネルです。このトンネルを出ますと、今度は12.5パーミルの下り坂が始まります。隣の梁瀬駅を経て次の和田山駅までのほぼ9kmが下り坂です。上り坂と同じく下り坂も、急なカーブが少ないことから、列車は快調に走ります。

JR西日本の播但線（10ページ参照）の起点となる和田山駅を出ますと、民家の数は増えてきました。でも周囲の景色はいままでと変わりばえはしません。線路のそばを流れる川の名が牧川から磯部川、与布土川を経て円山川となったくらいです。

列車はやがて豊岡盆地を走るようになります。豊岡駅は豊岡盆地に開けた豊岡市の中心となる駅です。北近畿タンゴ鉄道が線路を所有し、WILLER TRAINSが営業を担当する宮津線（38ページ参照）の終点でもあります。

見どころは、城崎温泉、目もくらむ高さの余部橋りょう

豊岡駅を出発しますと再び谷間となりました。いままでと異なっているのは円山川の川幅が広いという点です。やがて到着する玄武洞駅は、対岸にある名勝にちなんで名づけられました。玄武洞は、160万年前に起きた火山活動によって流れ出したマグマが固まった際に規則正しい割れ目ができたことで知られています。残念ながら、玄武洞駅の近くから対岸への橋が架けられていないので、見学は次の城崎温泉駅からが便利です。

城崎温泉駅は全国的に知られた同名の温泉への玄関口となります。志賀直哉の『城の崎にて』という小説でも知られていて、「山の手線の電車に跳飛ばされて怪我をした」とい

城崎温泉を流れる大谿川を山陰線の普通列車が渡っていく。著名な温泉地であるため、城崎温泉駅には京都駅や大阪駅から直通の特急列車が運転されている。城崎温泉～竹野間＊

兵庫県内の山陰線では最西端に位置する居組駅に到着した普通列車。写真のディーゼルカーはJR西日本のキハ121形で、2000年代に同社が製造した車両だ。＊

○山陰線随一の鉄道名所、余部橋りょうを渡る特急「はまかぜ」。「はまかぜ」は大阪～香住・浜坂・鳥取間を東海道・山陽・播但・山陰の各線を経由して結ぶ特急列車だ。*

う書き出しは有名です。

電化された区間は城崎温泉駅まで。ここからはディーゼルカーに乗り換えです。城崎温泉駅を出発しますと、円山川と別れ、トンネルが連続する山岳区間となりました。北上を続けていた線路は、次の竹野駅を出ますと日本海に突き当たり、西へと向きを変えます。海沿いを列車は走りますが、トンネルが多くて日本海を落ち着いて見ることはできません。

途中でやや開けた場所にある兵庫県香美町の香住駅を過ぎ、次の鎧駅を出て4カ所のトンネルを出ましたら、長さ310mの余部橋りょうで、列車の右側には日本海が広がります。この橋は高さが41.5mと、10階建てのビルに相当するほど高いところを通っていて、線路に交差する道路がかなり下に見えて恐いほどです。

余部橋りょうを渡る途中で右側に遊歩道が見えてくるでしょう。これは「空の駅」という観光施設で、2010（平成22）年8月にコンクリート製の新しい橋りょうに架け替えられるまで用いられていた旧余部橋りょうを活用したものです。かつての橋りょうは、鋼鉄をやぐらのように組んだ上に橋げたを置いたトレッセル橋と呼ばれるつくりで、全国的にも珍しいと観光名所となりました。空の駅へは、コンクリート製の新しい橋りょうを渡りきったところにある餘部駅からが便利です。

山あいの区間はさらに続き、浜坂駅の周辺を除いてトンネルまたトンネルとなります。そのまま、列車は居組駅に到着です。この駅を出てすぐのところに県境があり、中国地方の鳥取県となります。

02

JR西日本

播但線

和田山～姫路間 [営業キロ]65.7km

[最初の区間の開業]1894(明治27)年7月26日／寺前～姫路間
[最後の区間の開業]1906(明治39)年4月1日／和田山～新井間
[複線区間]なし
[電化区間]寺前～姫路間／直流1500ボルト
[旅客輸送密度]4829人

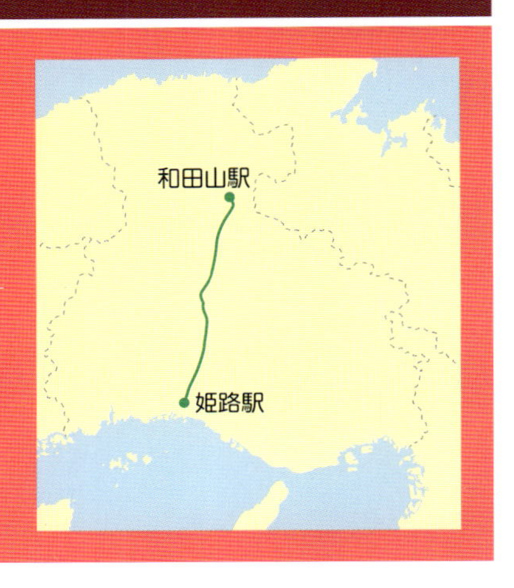

近郊路線と山岳路線という、2つの顔をもつ

JR西日本の播但線は、旧国名である播磨国と但馬国との間を結ぶことから名づけられました。播但線の正式な起点はJR西日本の山陰線の列車も発着する兵庫県朝来市の和田山駅でして、終点はJR西日本の山陽新幹線、山陽線、姫新線の列車が発着する兵庫県姫路市の姫路駅で、営業キロは65.7kmです。しかし、JR西日本は起点を姫路駅、終点を和田山駅として営業を行っています。そこで、本巻でも播但線の旅を姫路駅から始めることにしましょう。

高架橋上に設けられた姫路駅を東に向かって出発した播但線の列車はすぐに左に曲がり、山陽新幹線や山陽線と分かれます。引き続き高架橋の上を走る列車の左側には、林立する多数の建物越しに、国宝で世界遺産でもある姫路城の姿を見ることができるでしょう。

高架橋は京口駅を経て野里駅の先まで続きます。地平を走るようになると、それまでの都心部から住宅の多い大都市郊外といった趣となりました。

線路の周囲は野里駅から5駅目となる福崎駅を出たあたりから変わってきます。平地を走っているときには水田が目立つようになり、ところどころで山地が線路まで迫るようになるのです。次の甘地駅の手前では、列車の左側は山の斜面、右側は道路をはさんで

長さ79mの下市川橋りょうで市川を渡る。写真に見える2両のディーゼルカーは、ともに国鉄時代から走っているJR西日本のキハ40系だ。生野～長谷間*

○播但線の寺前～姫路間は1998年3月14日に電化された。この区間を走る普通列車には、写真のJR西日本の103系電車が使用されている。香呂～溝口間

姫路市に注ぐ市川と、谷間の光景となります。甘地駅を出発しますと、周囲は再び開け、水田のなかを進み、駅に近づくと民家が増えてきました。ただし、前方に山が近づいてきて、これから先の区間で峠越えがあることを予感させます。

寺前駅は姫路市の近郊区間と山あいの区間との境界となる駅です。JR西日本が公表した2017（平成29）年度の旅客輸送密度も、この駅を境に集計されており、姫路駅側は8904人、和田山駅側は1345人となります。この駅は電化区間の境界でもあり、姫路駅側は電化、和田山駅側は電化されていません。

普通列車を乗り継ぐと、車両は電車からディーゼルカーへと変わりました。列車は寺前駅を出発すると、市川によって形づくられた谷間を進んでいきます。上り坂のこう配も徐々に険しくなり、次の長谷駅に至る途中、市川を越えた手前あたりから始まるこう配は15.2パーミルです。線路の周囲の水田も狭くなってきました。

長谷駅を出ると谷間は一段と狭くなり、渓谷を走っているかのように感じられます。上り坂のこう配は最も急な場所で15.2パーミルと変わりはありません。

やがて開けた場所が現れました。列車は兵庫県朝来市にある生野の町に入ったのです。およそ10kmの上り坂はほどなく到着する生野駅でようやく終わりとなります。

生野はかつて生野銀山という銀の鉱山で栄えた町です。銀は平安時代初期の800年代に初めて発見されたと伝えられ、江戸時代に

は本格的に銀の採掘が行われていました。明治期にはフランスの技術を導入して近代的な鉱山へと発展し、国内有数の大鉱山として1973（昭和48）年に閉山となるまで、多量の銀を産出しています。

銀山についてのあらましは生野銀山文化ミュージアムで知ることが可能です。生野駅からバスを乗り継いで20分ほどのところにあります。さまざまな展示物で学ぶほか、本物の銀の鉱山内を約1kmにわたって歩くという体験はいかがでしょうか。

史跡である生野銀山では、鉱石を求めて掘り進められた坑道の一部が公開されている。生野銀山の坑道の延長は350km以上、深さは地上から880mにも達するという。*

峠越えの苦闘の歴史がうかがえる区間

生野駅を出発した列車は坂を下っていきます。最も急なこう配は25.1パーミルで、次の新井駅との間のほぼ真ん中あたりまでの4kmほどは25パーミルのこう配区間ばかりです。

列車が生野駅を出て500mほど走りますとトンネルに入ります。長さ615mの生野トンネルです。

生野トンネルでは過去に大変悲惨な事故が起きました。時は1959（昭和34）年4月6日のこと、和田山駅から生野駅を経て先ほど通った福崎駅の1駅姫路駅寄りにある溝口駅へと向かっていた回送列車に異変が生じます。当時の播但線では、まだ蒸気機関車が客車や貨車を引く列車が一般的でした。客車を引いていた蒸気機関車が生野トンネルに入ると、折しも吹いていた強風の影響もあり、蒸気機関車のはき出す煙が運転室内に充満し、運転

標高304mと、生野駅は播但線の駅のなかで最も高い位置にある。この駅を境に和田山駅方面、姫路駅方面とも急こう配区間があり、さまざまなドラマを生み出してきた。*

写真後方の右側の山頂にそびえ立つ竹田城を背景に、特急「はまかぜ」が駆け抜けていく。竹田〜青倉間*

を行っていた機関士と機関助士とが窒息して気を失ってしまったのです。

和田山駅方面から見ますと、生野トンネルは25パーミルの上り坂の途中にありますので、蒸気機関車は目一杯加速するように弁が加減されていました。でも、機関士と機関助士とも動けなくなったため、峠となる生野駅に着いても列車を止めることができません。回送列車はそのまま生野駅を通過してしまい、今度は下り坂を暴走してしまいます。

制御不能な状態で坂を下っていった回送列車は、いま登ってきた先ほどの長谷駅までの間にある急カーブで脱線し、蒸気機関車はトンネルに衝突しました。そして、機関士も機関助士も命を落とすという最悪の結末を迎えたのです。

今日の播但線には大量の煙をはき出しながら進む蒸気機関車は通っていません。でも、断面の小さな生野トンネルに入りますと、ディーゼルカーであっても排気ガスがこもりやすく、いまでも臭いが気になります。排気ガスから生野トンネル、そして生野駅を頂点とする峠越えの苦闘の歴史がうかがえるのではないでしょうか。

列車が新井駅まで降りてきますと、線路の周囲も多少は開けてきます。周りは水田が主体で民家がちらほらといったところです。市川から円山川(まるやまがわ)と、川は変わったものの、谷間を行く光景は変わりません。でも、こう配は緩くなったので列車は軽やかに走ります。

新井駅の次の青倉(あおくら)駅を経て到着する竹田(たけだ)駅は、列車の左側にそびえる山の上にある竹田城で知られる駅です。竹田城は東西に約100m、南北に約400mの長さをもつ石垣があり、現存する城跡のなかでは全国的にも規模が大きいことが知られています。何よりも竹田城を有名にしたのは、この地域でしばしば発生する濃霧によって城だけが顔を出す、いわゆる「天空の城」という現象が起こるからです。竹田城へは駅前を発着するバスで20分ほどとなります。

竹田城は標高354mの古城山(こじょうざん)山頂に築かれた山城だ。秋の朝になると濃い霧が発生し、城の下がおおわれてしまう様子から「天空の城」と呼ばれる。*

竹田駅を出発しても円山川沿いの谷間という趣は同じです。やがて線路の周囲が開けたかと思うと、列車の右側からJR西日本山陰線の線路が近づいてきました。そのまま和田山駅に到着して播但線の旅は終わります。

03

JR東海・JR西日本

紀勢線

亀山～新宮間（JR東海）、新宮～和歌山市間（JR西日本）

［営業キロ］384.2km（JR東海180.2km、JR西日本204.0km）

［最初の区間の開業］1891（明治24）年8月21日／亀山～一身田間

［最後の区間の開業］1959（昭和34）年7月15日／三木里～新鹿間

［複線区間］紀伊田辺～和歌山間

［電化区間］新宮～和歌山市間／直流1500ボルト

［旅客輸送密度］1773人（JR東海）、5354人（JR西日本）

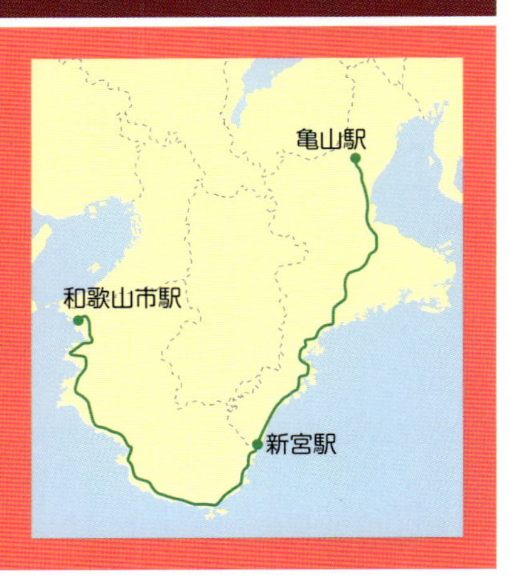

紀伊半島の海岸線の西半分を旅する

JR東海・JR西日本の紀勢線は、三重県亀山市にある亀山駅と、和歌山県和歌山市にある和歌山市駅との間を結ぶ全長384.2kmの路線です。このうち、JR東海が保有する亀山～新宮間は、本シリーズの「北陸・信越・中部編」の巻で紹介しました。この区間以外の、和歌山県新宮市にある新宮駅と和歌山市駅との間は通称、紀勢西線と呼ばれる区間。JR西日本が保有している区間で、特急「くろしお」「南紀」（新宮～紀伊勝浦間）が運行されています。本巻ではこの区間を紹介しましょう。

紀勢線は亀山駅が起点ですので、正式には新宮駅から和歌山市駅までが下り方面です。でも、実際には和歌山市駅から和歌山駅を経由して新宮駅方面に向かう列車が、終点に向かう「下り」として案内され、和歌山～新宮間には「きのくに線」の愛称があります。本巻でも和歌山市駅から旅を始めることにしましょう。

紀勢線の和歌山市駅は、南海電気鉄道南海本線のターミナルに乗り入れる形になっています。以前は和歌山駅をしのぐ立派な駅ビルがありましたが、建て替えられることとなり、駅周辺の再開発も進行中です。

列車は、南海本線乗り場の隣にある2番乗り場から出発します。和歌山市駅を発車し、南海本線が左に分かれていくと、高架橋に上がって紀和駅に到着。いまは

○旅客案内の面、そして和歌山～和歌山市間が紀勢線の支線として扱われている点を考慮すると、紀勢線の実質的な起点は和歌山駅だ。この駅には紀勢線のほか、JR西日本の阪和線、和歌山電鐵の貴志川線の列車も発着する。*

○海沿いの区間を行く紀勢線の特急「くろしお」。車両はJR西日本の287系電車である。風光明媚な場所ではあるが、海岸の侵食は激しく、また塩害も著しいため、線路や車両の保守には苦労が多い。南部～岩代間*

小さな駅ですが、1968（昭和43）年まではこの駅が和歌山駅を名乗り、紀勢線のターミナルとなっていました。

阪和線の線路の下をくぐり、左から和歌山線の線路が合流してくると、和歌山駅に到着。すべての列車が乗り換えとなり、ここから紀勢線の旅が本格的に始まります。

右手に火力発電所と新日鐵住金の製鉄所とが見える海南駅を発車すると、和歌浦湾が見えてきます。トンネルの合間から美しい海を見るうちに、箕島駅に到着。海とは反対側の車窓に注目しましょう。紀伊半島産の果物といえばミカン。このあたりは紀州ミカンのなかでも特に有名な有田ミカンの産地です。山の斜面に見える果樹園はすべてミカン畑で、10月から1月ごろにかけて、たくさんのミカンを見ることができます。

いったん海と別れた紀勢線は、ミカン畑を見ながら有田川に沿って東へ進み、紀伊宮原駅の先で有田川を渡って藤並駅へ。ここは、ミカンをはじめとする農産物の輸送を目的に建設され、2002（平成14）年12月31日限りで廃止された有田鉄道線の分岐駅でした。現在、線路の跡はほぼすべて遊歩道として整備されています。終点のあった金屋口駅の跡は有田川鉄道公園に生まれ変わり、営業当時に使用されていた小型ディーゼルカーのレールバスなどが保存されています。

リアス式海岸が連なる紀伊半島は海に向かって無数の峰が伸びています。広川ビーチ駅の先で明神山の下をくぐる由良トンネルを、続いて紀伊由良駅を出たところで小坊師峰を貫く小坊師トンネルを抜けると、久しぶりに水田が広がる平野に出ます。ここは日高平野。日高川が運んだ土砂が堆積してできた沖積平野です。室町時代にこの一帯を治めた湯浅氏の居城があった亀山の南をぐるりとまわると御坊駅に到着。駅は御坊市の北外れにあり、中心部へ行くには紀州鉄道紀州鉄道線に乗り換えます。

青い海が大きく広がる海岸線を行く

さて、御坊駅から5駅目の切目駅を出発したあたりからが紀勢線最初のハイライト。右手に青い太平洋が広がり、列車は切目崎を海岸線に沿って走ります。切目崎を過ぎたところで、遠くの海岸沿いに見える町並みは、紀伊半島最大の行楽地・白浜温泉です。次の岩代駅の先まで、列車は海岸ぎりぎりまで迫った山のふもとを走り、外海らしい鮮烈な海の景色を楽しめます。

紀伊半島では珍しく、なだらかな砂浜が広がる南部駅を過ぎると市街地に入って紀伊田辺駅に到着。その3つ先が白浜温泉の玄関、白浜駅です。このあたりは、線路をリゾート地に近づけるため、富田川沿いからわざわざ山を越えるルートが興味深いところ。温泉リゾート地として有名な白浜ですが、ほかにも動物や自然とのふれあいをテーマにした「アドベンチャーワールド」の最寄り駅でもあります。ここの目玉はジャイアントパンダです。紀勢線には、パンダの顔をデザインをした「パンダくろしお Smileアドベンチャートレイン」も走っています。

紀伊富田駅から線路はぐっと内陸に入ってトンネルが続き、再び車窓に海が現れるようになるのは18.5km先の周参見駅付近から。見老津駅、和深駅などを経て、田並駅付近までの20kmあまりは、トンネルも多いですが、その合間に見事な太平洋が見えます。

新宮駅と三輪崎駅との間にある大浜海岸を普通列車が行く。使用されている車両はJR西日本の105系電車だ。

○長さ290mの富田川橋りょうを渡って特急「くろしお」は新宮駅を目指す。写真の車両は283系でカーブ通過時に車体を内側に傾ける振子式車両だ。椿～紀伊富田間＊

○沿線のアドベンチャーワールドと提携し、JR西日本は特急「くろしお」用の287系に装飾を施し、「パンダくろしおSmileアドベンチャートレイン」として走らせている。紀伊勝浦駅＊

久しぶりに市街地に入ると、串本駅に到着します。途中下車をして、バスに乗って本州最南端の潮岬を散策したり、その東にある紀伊大島を訪れたりするのもお勧めです。紀伊大島の東端、樫野崎には、1890（明治23）年に串本の沖合で遭難したオスマン帝国の軍船、エルトゥールル号の遭難慰霊碑があります。串本の人々の懸命な救助活動によって69人の命が救われ、いまも5年に1度、日本とトルコとによる合同慰霊祭が行われています。

串本駅を出発してすぐ右手に見える、一列に並んだ岩は橋杭岩です。波による侵食によって岩の硬い部分だけが残った結果、約850mにわたって大小40あまりの岩柱が並ぶ奇景が生まれたといわれています。

列車は海岸沿いを走り、どこまでも青い海が広がります。紀伊田原駅から内陸に入り、再び海が見えるのは次の紀伊浦神駅付近。ここは狭く奥まった入江にある漁港で、海が池か湖のように見えます。捕鯨基地として知られた太地駅を過ぎ、市街地に入ると紀伊勝浦駅。大阪や和歌山からはるばる来たという感じですが、紀伊半島で初めて開業した鉄道は、

○紀勢線の列車からも奇岩、橋杭岩を見ることができる。侵食によって岩の硬い部分だけが残った様子が、あたかも橋りょうの杭のように見えることから名づけられた。＊

1912（大正元）年から翌年にかけて建設された新宮鉄道でした。それまで海路か、人がやっと通れるほどの街道しかなかった紀伊国に、初めて近代文明の象徴である鉄道が開業したのです。しかし、平地がほとんどない紀伊半島の厳しい地形は鉄道の延伸を阻み、紀勢線が全通したのは最初の開業から47年後の1959（昭和34）年のことでした。

建設時期が早いだけに、紀伊勝浦～新宮間は海岸線に沿って丁寧に走ります。三輪崎駅を出発して、砂浜を走っていると錯覚しそうな大浜海岸を抜けると、「きのくに線」の終点・新宮駅に到着です。

甲賀市・信楽高原鐵道
信楽線

貴生川～信楽間　[営業キロ] 14.7km

[最初の区間の開業] 1933（昭和8）年5月8日／貴生川～信楽間
[最後の区間の開業] —
[複線区間] なし
[電化区間] なし
[旅客輸送密度] 1074人

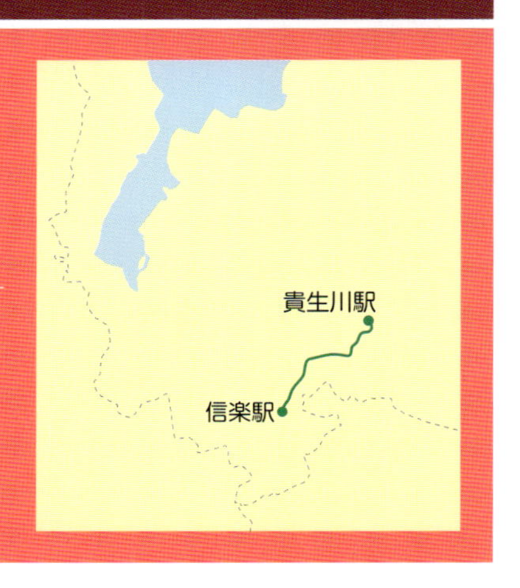

事故を乗り越え、新たな時代を迎えた山岳路線

信楽線は滋賀県甲賀市が線路を保有し、信楽高原鐵道が営業を担当する路線です。営業キロは14.7kmで、JR西日本の草津線や近江鉄道の本線の列車も発着する貴生川駅を起点とし、信楽駅を終点としています。線路が敷かれているのはすべて甲賀市内です。

もともと信楽線は国有鉄道の信楽線として1933（昭和8）年5月8日に全線が一括して開業し、国鉄からJR西日本へと引き継がれた後、1987（昭和62）年7月13日に第三セクターの信楽高原鐵道へと転換されました。国鉄時代に利用者が少なかったため、特定地方交通線に認定されたからです。

第三セクター鉄道としての信楽線の歩みは決して平坦なものではありませんでした。利用者の数は年々減っていき、後ほど説明しますが、1991（平成3）年に重大な列車衝突事故を起こしてしまったために経営状況はいっそう苦しくなり、2000年代に入りますと廃止も検討されるようになります。この結果、沿線の自治体である甲賀市が支援に乗り出すこととなり、2013（平成25）年4月1日からは維持に多額の資金が必要な線路や施設は甲賀市が保有し、信楽高原鐵道は甲賀市から線路や施設を借りて営業を続けるという方式に切り替えられました。

プラットホームの片面を信楽線、もう片面を草津線という具合に共用

○信楽線の沿線は忍者の里として知られている。甲賀市はPRのため、信楽線のディーゼルカーを「SHINOBI TRAIN」とし、忍者のラッピング塗装を施した。

○田植えが終わったばかりの水田地帯の中を行く信楽線のディーゼルカー。車両は写真左がSKR501、写真右がSKR401である。貴生川〜紫香楽宮跡間

している貴生川駅を出発した信楽線の列車は、南東に走り出した後、すぐに右に曲がり、西南西に向きを変えます。カーブが終わって直線になったと思った矢先に杣川(そまがわ)が現れました。

杣川にかけられた杣川橋りょうは、長さは96mでつくりも一般的な桁(けた)の橋りょうと、どこにでもある橋りょうと一見変わりはありません。この橋りょうがほかの橋りょうと何が違うのかは線路脇から見るとわかります。橋りょうが新しく、つい最近架け替えられたばかりのように見えるからです。

杣川橋りょうは老朽化したから架け替えられたのではありません。2013年9月16日に滋賀県を襲った台風18号による水害で杣川が洪水を起こし、橋脚や橋げたが流されてしまったのです。

先に紹介したとおり、信楽高原鐵道の経営状況は良いとはいえなかったため、一時は復旧をあきらめて廃止という話もありました。しかし、沿線の住民の熱意、それに列車代行バスの混雑が甲賀市を動かして杣川橋りょうは架け替えられ、2014（平成26）年11月29日に無事に運転を再開したのです。

杣川を渡り終えた後も、一直線に延びた線路を列車は西南西に向けて走ります。周囲には水田が目立ち、ところどころに民家が建ち並びます。線路は5mほどの盛土の上に敷かれていて、見晴らしは良好です。

直線区間は1kmほど続いたでしょうか。左に曲がるとそれまでの水田や民家は姿を消し、木々の生い茂る険しい山道へと踏み入ります。信楽線のこう配はかなり厳しく、33.3パーミルです。馬力のあるディーゼルカーは坂を快調に上っていきますが、力の弱い蒸気機関車ではさぞや大変だったことでしょう。

大変急な33.3パーミルのこう配は5kmほ

ど続きます。この間、線路の周囲は木々だけ。やがて幅の狭い道路が列車の右側に現れ、この道路が再び離れてすぐのところが峠です。ほどなく単線の線路が分岐して列車どうしの行き違いが可能な小野谷信号場となりますが、いまは使用されていません。

信楽線沿線には、見るべき名所・旧跡が多い

小野谷信号場を過ぎますと下り坂です。いままでと同じように最も急なこう配は33.3パーミルですが、今度は多少緩いこう配区間も混じっています。登ってきたときはほぼ山の中を進んでいました。でも、こちらは新名神高速道路の高架橋をくぐったり、その後は国道307号と並走したりと車窓は比較的変化に富んでいます。

多少こう配が緩くなったところで、1kmほど続く長い左曲線が現れました。このカーブが終わりかけの地点で線路の右側に碑が建っているのがおわかりでしょうか。場所は並走する国道307号の信楽インターチェンジ口という丁字路があるあたりです。

この碑は1991年5月14日に起きた列車衝突事故の犠牲者を慰霊するために建てられました。この日、信号の取り扱いミス、そして信号装置の設置ミスとが重なり、貴生川駅から来た3両編成の列車と信楽駅から来た4両編成の列車とが単線の線路上で正面衝突し、双方の列車の乗客、乗務員合わせて42人が亡くなり、628人が負傷するという大惨事となります。これだけ多くの人々が死傷した理由は、ちょうど信楽線の沿線で「世界陶芸セラミックスワールドしがらき'91」というイベントが行われていたからです。信楽線での

○駅間距離が9.6kmもある貴生川～紫香楽宮跡間では険しい峠越えが待っている。エンジンのうなり音を上げ、ディーゼルカーは坂を駆け上っていく。*

○745年1月から同年5月までのわずかな期間ではあったものの、紫香楽宮は日本の都であった。紫香楽宮跡駅からほど近い甲賀寺跡には、大仏を造立しようとした痕跡も残されている。*

○終点・信楽駅のプラットホームにずらりと並べられた信楽焼のタヌキの置物が旅人を出迎えてくれる。*

列車事故により、このイベントも打ち切りとなり、事故に遭った人たちはもちろん、沿線の人たちにも深い傷跡を残しました。

慰霊碑を過ぎますと直線区間となり、次に右に曲がりますと、カーブのままで貴生川駅側から見て最初の駅となる紫香楽宮跡(しがらきぐうし)駅に到着です。この駅は奈良時代の745年に聖武(しょうむ)天皇によって遷都された紫香楽宮(しがらきのみや)の遺跡があることにちなんで名づけられました。駅から西に徒歩10分ほどのところに国の史跡、紫香楽宮跡があり、緑豊かな公園といったたたずまいです。かつての都の姿を想像してみるのもよいでしょう。

紫香楽宮跡駅の次の雲井(くもい)駅を出発しますと、線路の周囲に水田が広がる開けた場所を列車は走るようになります。そのまま勅旨(ちょくし)駅を経て玉桂寺前(ぎょくけいじまえ)駅を過ぎますと、少しの間だけ山あいとなります。線路と並走する大戸川(だいどがわ)沿いの谷間を行くからです。しかし、この川を渡ると再び周囲は開けた場所となりました。そのまま終点の信楽駅に到着です。

信楽は陶芸の町で、信楽焼は全国に知られています。駅前、それからいままで通ってきた駅のプラットホームにタヌキの置物があったのを覚えていますでしょうか。これらも信楽焼です。

○信楽焼を知るうえで訪れたい場所といえば滋賀県立陶芸の森だ。甲賀市のコミュニティーバスが信楽駅から出ていて、利用しやすい。*

その信楽焼、そして陶芸に触れ合える場所として、滋賀県は信楽駅からバスで10分ほどの場所に陶芸の森を設けました。県立陶芸の森には有名作家による陶芸作品が展示されているばかりでなく、陶芸についての知識が得られるよう、手軽に参加できる講座も開設されています。

南海電気鉄道

高野線

汐見橋～極楽橋間 ［営業キロ］64.5km

［最初の区間の開業］1898（明治31）年1月26日／堺東～狭山間
［最後の区間の開業］1929（昭和4）年2月21日／紀伊神谷～極楽橋間
［複線区間］汐見橋～橋本間
［電化区間］汐見橋～極楽橋間／直流1500ボルト
［旅客輸送密度］6万8326人

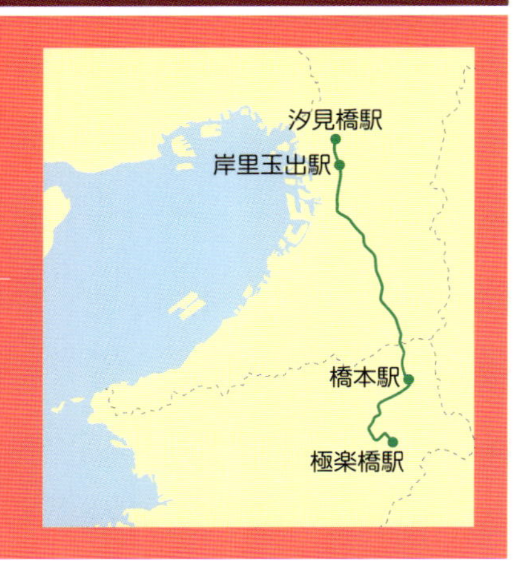

大都市の通勤路線のなかにあるローカル区間

南海電気鉄道の高野線は大阪府大阪市浪速区にある汐見橋駅を起点とし、和歌山県高野町の極楽橋駅を終点とする64.5kmの路線です。関西地方にゆかりのある方ならば、高野線と聞くとローカル鉄道路線というよりは大阪市近郊の通勤路線、それも関西を代表する通勤路線の一つというイメージが強いかもしれません。実際に高野線の2015（平成27）年度の旅客輸送密度は6万8326人と本巻の基準をはるかに上回っていました。

ところが、高野線のうち、汐見橋駅と大阪市西成区にある岸里玉出駅との間の4.6km

汐見橋～岸里玉出間は高野線でありながら、半ば独立した形態となっていて、汐見橋線と呼ばれる機会も多い。西天下茶屋駅*

○高野線の起点・汐見橋駅で出発を待つ普通列車。大阪市の都心部に位置しながら、2両編成の電車がひっそりと発着する。*

と、和歌山県橋本市にある橋本駅と極楽橋駅との間の19.8kmとは様子が異なります。汐見橋～岸里玉出間は大都会のなかの閑散区間という表現が当てはまり、筆者の調査では2012（平成24）年度の旅客輸送密度は771人でした。いっぽうで、橋本～極楽橋間は旅客輸送密度は不明ながら、汐見橋駅方面と比べて列車の本数は大幅に少なくなります。そして、何といっても全国的にも有数の山岳路線であり、際立った特徴をもつ路線である点は強調しなければなりません。本巻では高野線の起点付近と終点付近とを紹介しましょう。

汐見橋駅は、新なにわ筋と千日前通との交差点のすぐ南西寄りに位置し、自動車や歩行者の往来が大変に多い場所にあります。大阪市高速電気軌道（大阪メトロ）の地下鉄の5号線（千日前線）の桜川駅、また、西大阪高速鉄道が線路を保有し、阪神電気鉄道が営業を担当する阪神なんば線のやはり桜川駅が近くにあって、乗り換えも便利です。

列車はこじんまりとした平屋の汐見橋駅を出発しますと南に向けて走り出します。興味深いのは、プラットホームの両側に1組ずつ2組あった線路は駅を出てからも続いているという点です。汐見橋～岸里玉出間は複線で、この点だけを見れば大都市の通勤路線であることは間違いありません。

周囲の光景は大都会そのものです。列車の左側には阪神高速道路の15号線堺線の高架橋が並走し、線路の周囲には住宅ですとか事務所、工場が密集しています。それでも、電車に乗っている利用者の数はそう多くありません。

汐見橋駅を出て600mほど走ったところでしょうか。高野線の線路と斜めに交差していく高架橋が見えてきました。JR西日本大阪環状線の高架橋で、大阪環状線は大阪有数の通勤路線です。残念ながら、高野線と大阪環状線とが交差する地点には両線ともに駅は設けられていません。高野線の最寄駅は交差地点からさらに150mほど南に行ったところにある芦原町駅、大阪環状線の最寄駅は交差地点から約400m南東にある芦原橋駅です。両駅の間は300mあまり離れていて、乗り換えは何とかできるといった状態です。

芦原町駅を出ても周囲の景色に変化はあまりありません。相変わらず建物が密集するなかを進んでいきます。次の木津川駅を経て津守駅を出てすぐのあたりで列車の右側にまとまった緑地が見えてきました。西成公園の緑です。

全国有数の山岳路線で高野山の参拝へ

高野線の列車は津守駅を出発し、少し前まで並走していた阪神高速道路の15号線堺線の高架橋を斜めにくぐりますと、高さ10mほどの盛土の上を走るようになります。周囲の景色は相変わらず大都会で、しかも建物の密集具合は先ほどよりもさらに強くなりました。でも、小高い築堤(ちくてい)の上を通っているという点、それから圧迫感の強い高架橋から離れているので開放的です。

西天下茶屋(にしてんがちゃや)駅を出発してしばらくして、幅の広い道路である四つ橋筋を高架橋で越えますと、岸里玉出駅の構内に入ります。複線の線路は単線となり、そのまま300mほど走って岸里玉出駅に到着です。

今度は橋本～極楽橋間の旅を楽しみましょう。JR西日本の和歌山(わかやま)線の列車も発着する橋本駅を出発した高野線の列車は、すぐにほぼ直角に右に曲がって紀の川(きのかわ)を渡り、渡り終えたら再びほぼ直角に右に曲がっていきます。つまり、橋本駅まで東に進んできた高野線は180度向きを変えて西に向かうのです。

次の紀伊清水(きいしみず)駅を経て学文路(かむろ)駅を出ますと、丘陵地帯に広がっていた住宅地というそれまでの周囲の景色から、山あいの区間へと変わります。ただし、まだこう配はそう険しくはなく、最も急な場所でも23.5パーミルで、それも短い区間です。

九度山(くどやま)駅を出ますと目の前の線路がいかにも急な上り坂となって迫ってきました。28.5パーミルですから大した坂ですが、まだ序の口です。橋本駅からの傾向として、右へ左へとカーブが続くので、列車のスピードはあまり上がりません。

次の高野下(こうやした)駅からいよいよ高野線の本格的な山岳区間のスタートです。上り坂のこう配は50パーミルとなり、しかもカーブの半径も最も急なところでわずか100mと大変に厳しくなります。橋本～極楽橋間を走行する車両は長さ18mと、汐見橋～極楽橋を走っている車両と比べて2mあまり短く、なおかつモーターやブレーキを強化して山の上り下りに備えたものが用意されました。このあたりは本シリーズの3巻で紹介した箱根登山鉄道の鉄道線に似ています。

下古沢(しもこさわ)、上古沢(かみこさわ)、紀伊細川(きいほそかわ)と駅が現れるたびに山は険しくなり、急カーブも続くために列車の前後、左右の見通しが利きません。深く生い茂った森の中を分け入っていく形となり、トンネ

全国有数のこう配となる50パーミルの区間を行く。写真に見える車両は一部座席指定制の観光列車「天空」で、橋本～極楽橋間を往復している。上古沢～紀伊細川間*

南海電気鉄道南海本線の難波駅と高野線の極楽橋駅との間を結ぶ特急「こうや」。使用されている30000系（写真）、31000系の各電車は平坦区間での高速性能、そして急な上り坂での登坂性能を兼ね備えている。橋本〜紀伊清水間*

ルも頻繁に現れます。ところで、トンネルの入口の左側に番号が書かれているのに気づいたでしょうか。これは九度山駅から極楽橋駅までの間にあるトンネルの順番で、数字は徐々に大きくなり、最終的には「23」となります。

上古沢駅を出てからほぼ一貫して続いていた50パーミルのこう配は終点の極楽橋駅でようやく終わりました。これだけ苦労して山を登ってきた理由は、いうまでもなく弘法大師として親しまれている空海が高野山の山頂に開いた金剛峯寺を参拝するためです。極楽橋駅からは同じく南海電気鉄道の鋼索線に乗り換え、高野山駅まで行きます。さらにバスに乗り継いで約12分、高野山真言宗の総本山である金剛峯寺に着きました。金剛峯寺のほかにも高野山山頂には多数のお堂や塔などがあり、できれば宿坊に泊まって参拝したいところです。

高野線の終点・極楽橋駅に到着した観光列車の「天空」（写真左）と特急「こうや」。極楽橋駅の利用者のほぼすべてはケーブルカーに乗り換えて高野山の山頂を目指す。*

極楽橋駅からケーブルカーに乗って高野山駅で降り、さらにバスに乗ると金剛峯寺に到着する。写真は聖地、壇上伽藍に建てられた金堂で、高野山の総本堂だ。*

JR西日本

桜井線

奈良～高田間 [営業キロ]29.4km

[最初の区間の開業]1893(明治26)年5月23日／桜井～高田間
[最後の区間の開業]1899(明治32)年10月14日／奈良～京終間
[複線区間]なし
[電化区間]奈良～高田間／直流1500ボルト
[旅客輸送密度]5493人

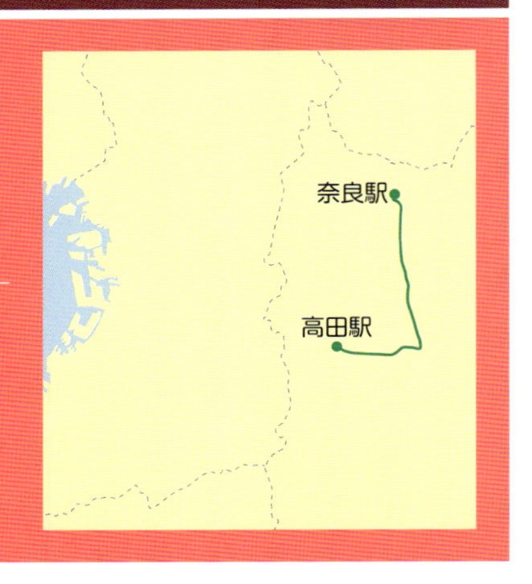

歴史と文化をめぐる「万葉まほろば線」

JR西日本の桜井線は奈良県奈良市の奈良駅を起点とし、同じく奈良県大和高田市の高田駅を終点とする29.4kmの路線です。全線が奈良県を通っています。

本巻では桜井線の2015（平成27）年度の旅客輸送密度が5493人と、掲載の基準を満たしたために紹介しました。とはいえ、桜井線の沿線は全線にわたって市街地ですし、途中の都市の規模も小さくありません。ローカル鉄道路線と呼んでは沿線の関係者の皆さんに失礼でしょう。

桜井線の旅客輸送密度がいまひとつ伸び悩んでいる理由の一つは、競合する路線が多いからです。沿線の天理市や桜井市、橿原市には近畿日本鉄道の各線が乗り入れ、多くの利用者でにぎわっています。さらにいいますと、JR西日本の路線どうしでさえも競合している点を挙げなくてはなりません。奈良～高田間を移動するのであれば、奈良県王寺町にある王寺駅での乗り換えが生じますが、関西線と和歌山線とを乗り継いだほうが早く到着するのです。

万葉の昔から稲作が行われてきたと思われる水田地帯を行く桜井線の普通列車。写真の電車はJR西日本の105系で、「万葉の四季」というテーマでラッピング塗装が施された。櫟本～天理間*

それでも桜井線は多くの魅力にあふれています。その理由はJR西日本が命名した「万葉まほろば線」という愛称からもわかるでしょう。「万葉まほろば」とは、奈良時代の末ごろに成立したといわれる歌集の『万葉集』にちなんだすぐれたよい場所という意味です。桜井線の列車に乗りますとその意味をひしひしと実感できます。

奈良駅はJR西日本関西線の列車も発着する駅です。高架橋上に南北に線路が延びる奈良駅を南に向かって出発した桜井線の列車はほどなく左に分かれ、関西線の線路とは離れて東南東に進みます。

高架橋はしばらく続きますが、列車はやがて地平上に敷かれたところを走るようになりました。引き続き東南東にほぼ一直線に進み、右カーブが現れたと思ったら最初の駅となる京終駅に到着します。「京終」とは「都の果て」という意味でして、奈良時代には平城京の南西端であったそうです。でも、いまは都市化が進み、京終駅の周辺も奈良市の市街地といった趣で、駅名の意味から得られる風情は感じられません。

京終駅を出発しますと列車は南へと一直線に走り出します。広々とした奈良盆地に線路が敷かれており、ほぼ平らです。線路の周囲は次の帯解駅を過ぎたあたりから水田が目立ってきました。この調子で櫟本駅を経て天理駅に到着です。

高架橋の上に設けられた天理駅は天理市を代表する駅でして、近畿日本鉄道天理線の列車も発着します。天理市は奈良市近郊のベッドタウンといった趣の都市であるとともに、天理教という宗教の本部が置かれた宗教都市です。神殿などから成る天理教教会本部は駅から1kmほどのところにあります。

大和三山、藤原京と、古代ロマンあふれるなかを行く

天理駅を出発してしばらくしますと線路は再び地平に敷かれるようになりました。長柄駅、柳本駅、巻向駅、三輪駅と停車しながら、桜井線の普通列車はほぼ一直線に南を目指し、桜井駅に到着です。

桜井駅には近畿日本鉄道の大阪線の列車も乗り入れます。桜井駅から高田駅までの間、大阪線は桜井線の線路と並走しており、双方の線路の距離は近いところで約100m、離れたところで1kmほどと、沿線の人たちにとってはほぼ2つの鉄道が敷かれているといってよいでしょう。大阪線は大阪府大阪市の都心部と直結していますので、桜井線はどうし

○後方に箸墓古墳を見ながら桜井線の普通列車が駆け抜ける。箸墓古墳は墳丘長約280mと、現存する前方後円墳のうち、墳丘長200mを越える巨大な古墳のなかでは最も古い。巻向～三輪間

大和三山の一つ、耳成山。山というよりは丘というたたずまいながら、古来から人々に親しまれてきた。

畝傍駅の駅舎は神社を思わせる重厚な和風建築で、1940年の皇紀2600年を機に建てられたものだ。国有鉄道の駅としては橿原神宮や神武天皇陵に最も近いことから、天皇陛下や皇族方が訪れる機会も多く、駅舎には貴賓室が設けられている。*

ても分が悪くなってしまうのです。

列車は桜井駅を出発しますと西を目指してほぼまっすぐに平地を進みます。そのようななか、列車の斜め前方に山が見えてきました。標高139mの耳成山（みみなしやま）です。山は円錐形をしており、どの方向から見ても「耳がない」ということから名づけられたそうです。

やがて列車は少し左に曲がって西南西へ走るとともに、線路の周囲に住宅が建て込んできたので、耳成山は見づらくなりました。そのうちに列車は香久山（かぐやま）駅に到着します。香具山（かぐやま）という山は実在の山です。列車が香久山駅を出発したら左側を注目してください。住宅の合間から丘のような場所が見えてきました。これが標高152mの香具山で、古くは神聖視されたことから天香具山（あまのかぐやま）とも呼ばれます。

線路は緩い右カーブを描き、再び西を目指すと、列車は橿原市の中心となる畝傍（うねび）駅に到着です。列車が畝傍駅を出ますと、すぐに近畿日本鉄道橿原線とほぼ直角に交差するために少し高い位置を走ります。それでも建物に遮られて見づらいのですが、左側を注目してください。こんもりと盛り上がった山が見えてくるでしょう。これが畝傍山です。

古くから耳成山、香具山、畝傍山は大和三山（やまとさんざん）と呼ばれて親しまれてきました。そして飛鳥（あすか）時代には、これら大和三山のちょうど内側に藤原京（ふじわらきょう）と呼ばれる都が置かれていたのです。藤原京の跡は畝傍駅から東南東に徒歩30分ほど。大和三山の姿を確認しながら古代ロマンに浸りましょう。

畝傍駅を出発してからも相変わらずの平地を列車は西を目指します。途中で高架橋となっているところも通りながら、地平に置かれた金橋（かなはし）駅を経て、列車は緩く右に曲がりました。やがて左側からJR西日本和歌山線の線路が寄り添ってきたと思うまもなく、終点の高田駅に到着です。

藤原京はいまから約1300年前に造営された日本初の本格的な都だ。跡地には天皇が執務を行ったとされる大極殿の南門の柱が再現された。後方に見える山は香具山だ。*

JR西日本

加古川線

加古川～谷川間 [営業キロ]48.5km

[最初の区間の開業]1913(大正2)年4月1日/加古川～厄神間
[最後の区間の開業]1924(大正13)年12月27日/西脇市～谷川間
[複線区間]なし
[電化区間]加古川～谷川間/直流1500ボルト
[旅客輸送密度]2726人

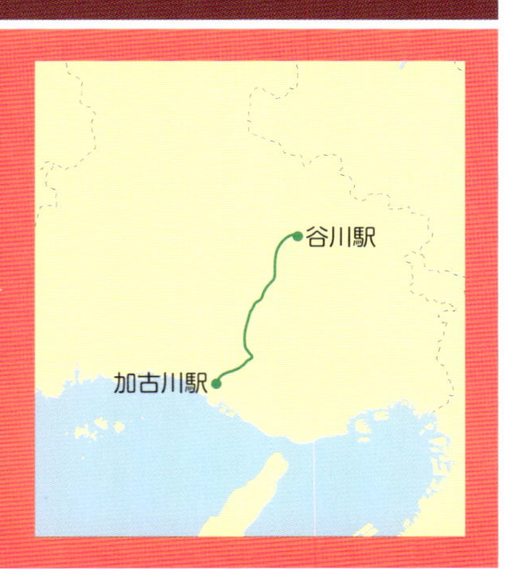

加古川市郊外の趣をたたえる路線

JR西日本の加古川線は、兵庫県加古川市にあり、同じくJR西日本山陽線の列車も発着する加古川駅を起点とし、兵庫県丹波市にあり、同じくJR西日本福知山線の列車も発着する谷川駅を終点とする48.5kmの路線です。2015(平成27)年度の旅客輸送密度が2726人でしたので、本巻で紹介しましたが、実際のところは通勤電車が走る都市の路線といった趣といってもよいでしょう。

加古川線の列車は、高架橋の上に設けられた加古川駅を出ますと、山陽線の神戸駅方面に向かって走り、すぐに左に分かれていきます。やはり高架橋を行く加古川線の線路は急カーブでほぼ直角に曲がり、加古川駅を出発した時点での南東から北東へと向きを変えました。国道2号加古川バイパスの高架橋が見

○谷川駅で出発を待つ普通列車。写真はJR西日本の103系電車で、2004年12月に完成した加古川線の電化を記念して、沿線の西脇市出身の美術家、横尾忠則氏がデザインした塗装となった。いまは30ページ上に見られる青色の塗装に戻されている。*

○加古川線の起点であり、兵庫県加古川市を代表する駅である加古川駅に停車中の普通列車。この駅は高架橋上に設けられており、JR西日本山陽線の列車も発着する。*

○単調な景色が続くなか、第二加古川橋りょうは加古川線の旅のアクセントとなっている。写真の車両はJR西日本の125系電車で、JR旅客会社の電車としては珍しく、1両で走行可能だ。厄神〜市場間*

えてきますと、加古川線の高架橋は終わり、地平を走ります。ところどころ巨大なマンションが目立ち、住宅が建ち並ぶなかを進む姿からはローカル鉄道路線には全く見えません。

列車が加古川駅から2駅目となる神野(かんの)駅を出発しますと、右側に小高い丘の城山(じょやま)が見えてきます。城山を通り過ぎて草谷川(くさたにがわ)を渡りますと、あたりは開けてきまして、線路の両側には水田が広がってきました。広々とした構内をもつ厄神(やくじん)駅に停車しますと、多くの人たちが列車を降りていきます。

厄神駅を出発した列車は大きく左に曲がり、それまでの東北東から北北西へと向きを変えました。やがて加古川が姿を現し、初めの部分は桁(けた)の橋、続いて鋼材を三角形に組み合わせたトラス橋となっている橋りょうを渡っていきます。橋の名は第二加古川橋りょうで、長さは333mあります。加古川は川幅が広く、その割に河原が狭いので、列車が橋を通っている間のほとんどは川の上を走るのが特徴です。

ところで、加古川線が加古川を渡るのはこの橋りょうが最初ですが、なぜか「第二」といいます。「第一加古川橋りょう」は加古川線にはありません。1984(昭和59)年12月1日までに廃止となった国鉄の高砂(たかさご)線に第一加古川橋りょうがあったそうです。高砂線は加古川駅を起点とし、兵庫県高砂市の高砂港(たかさごこう)駅を終点とする8.0kmの路線でした。

加古川を渡り終えると列車は右に曲がり、再び東北東に走ります。線路の周囲は水田、次いで左側が山の斜面、右側が加古川の河川敷となり、山陽自動車道の高架橋をくぐる手前で兵庫県小野(おの)市に入り、くぐり終えると、少し民家が増えてきました。ほどなく市場(いちば)駅に到着です。

駅前に市場があるのかと思いきや、実は駅名の由来となった小野市市場町(いちばちょう)は加古川の対岸にあり、町の中心部は駅から直線距離で1kmほど離れています。対岸には70ページで紹介する神戸電鉄粟生(あお)線が通っており、ややこしいことに、何とこちらにも市場駅が設けられているのです。両駅間は直線距離で1.2km離れていますから、乗り換えは大変困難だといわざるを得ません。

闘竜灘、日本へそ公園と、沿線の見どころは多い

市場駅を出た列車が左側に迫った山をやり過ごすと、開けた場所を通ります。線路の周囲には住宅が目立ちはじめ、小野町駅を経て粟生駅に到着です。

粟生駅は先ほど取り上げた神戸電鉄粟生線の終点でもあり、また、この駅からは72ページで紹介する北条鉄道北条線の列車が発着しています。交通の要衝といえますが、駅を降りますと、駅周辺の市街地の規模はあまり大きくありません。駅前には「あお陶遊館アルテ」という小野市市営の陶芸会館があり、陶芸の体験ができます。加古川線、そして粟生線の利用者は料金が割引となってお得です。

列車は粟生駅を出ますと、おおむね水田の広がる平野のなかを進みます。ところどころで列車の左側に山が迫りますが、数分もすれば再び広々とした場所に戻ります。

粟生駅から5駅目の滝駅はその名のとおり、加古川の滝にちなんで名づけられました。滝駅から歩いて5分ほどの場所を流れる加古川は岩場となっており、川幅が狭いために水が滝のような音を立てています。この岩場は闘竜灘と呼ばれる観光名所で、岩場を伝って向こう岸まで行くことも可能です。

列車は滝駅の次の西脇市駅を出発しますと、長さ207mの第三加古川橋りょうで左岸に渡ります。西脇市駅から3駅目にある兵庫県西脇市の日本へそ公園駅は、同名の公園への最寄駅です。「へそ」とは何かといいますと、駅付近で北緯35度と東経135度とが交差することから、日本列島を人間の体にたとえ、ちょうどへその位置にあたるとしたことに由来します。園内には「にしわき経緯度地球科学館」といった施設が開設されました。

日本へそ公園駅を列車が出てからの景色もこれまでどおりです。水田が広がったかと思うと、列車の右側に山の斜面が迫ります。並走する川は日本へそ公園駅から3駅目の船町口駅の先で篠山川に変わりました。次の久下村駅を出た後にこの川を渡り、終点の谷川駅に到着です。

滝駅の近くにある名勝、闘竜灘。周囲は市街地で、滝とのコントラストが興味深い。*

日本へそ公園駅は、北緯35度と東経135度とが交差する地点に設けられた同名の公園の最寄駅だ。駅はだいたい北緯34度59分55秒、東経135度0分1秒の地点にある。*

JR西日本

和歌山線

王寺～和歌山間　[営業キロ]87.5km

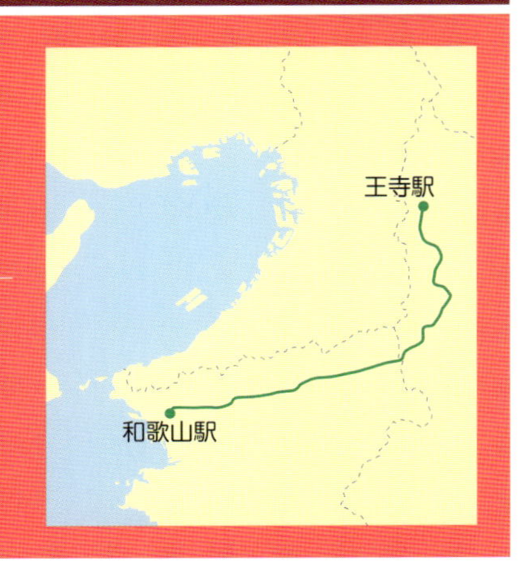

[最初の区間の開業]1891(明治24)年3月1日／王寺～高田間
[最後の区間の開業]1972(昭和47)年3月15日／田井ノ瀬～和歌山間
[複線区間]なし
[電化区間]王寺～和歌山間／直流1500ボルト
[旅客輸送密度]5087人

飛鳥時代の史跡近くを行く

JR西日本の和歌山線は奈良県王寺町の王寺駅を起点とし、和歌山県和歌山市の和歌山駅を終点とする87.5kmの路線です。王寺駅にはJR西日本関西線や近畿日本鉄道の生駒線の列車が発着します。駅名は新王寺駅と異なりますが、王寺駅と同じ場所には近畿日本鉄道の田原本線の列車が発着することも付け加えておきましょう。いっぽう、和歌山駅にはいずれもJR西日本の阪和線や紀勢線の列車、それに和歌山電鐵の貴志川線の列車が発着します。

和歌山線は、本巻が対象とする関西地方にあるJR西日本の路線のなかでは、山陰線や紀勢線、山陽線に次いで距離が長く、JR西日本以外の路線を眺めてもこの路線よりも距離の長い路線はありません。それだけに多くの特徴をもっています。さっそく王寺駅から列車に乗って旅に出ることとしましょう。

王寺駅を出発した列車は関西線の線路とともに右に曲がりながら南東に進み、やがてさらに大きくカーブして関西線と分かれます。線路の周囲は民家が建ち並んでいて、大阪市

○大和二見～隅田間では、例年8月上旬に沿線に植えられたひまわりが咲き誇る。このひまわりは、奈良県五條市の「ひまわりプロジェクト」の一環として育てられているもの。ひまわり畑の堆肥には家庭から出たごみを用いている。

比較的長大な和歌山線には特急列車は運転されず、普通列車が走り抜く。車両には国鉄時代から見られるJR西日本の105系電車が主に使われている。笠田～西笠田間*

御所～玉手間で並走する柳田川沿いに植えられた桜並木のなかを行く。

や奈良市のベッドタウンといった趣を感じられるでしょう。

最初の駅である畠田駅を出発しますと、列車の左側には水田が広がりました。いっぽうで右側は市街地が続きます。畠田駅を出てすぐのあたりの地名は奈良県香芝市尼寺です。7世紀後半の飛鳥時代に創建された寺の跡があったと伝えられ、畠田駅から徒歩7分ほどのところにある尼寺廃寺跡史跡公園では、塔を支えていた基礎の石として現存するもののなかでは最大のものを見ることができます。

市街地が主でときおり水田が見られるという周囲の状況はしばらく続き、高田駅に到着です。この駅には26ページで紹介したJR西日本桜井線の列車も発着します。

高田駅を出発すると大きく右に曲がって桜井線と分かれていきました。まるで、和歌山線が分岐しているかのようです。線路の周囲は先ほどよりも民家が密集していますが、どことなくいままでの区間と比べてローカル鉄道路線の趣が感じられます。最大の理由は列車の速度が先ほどまで時速80km程度であったところ、時速60km程度と遅くなった点です。線路の状態は先ほどよりもやや悪くなり、列車の上下動が増えてきました。

高田駅から2つ目の御所駅を出発しますと、それまで南に進んできた列車は大きく左に曲がって東へ進みます。相変わらず列車の速度は上がりません。興味深いことに和歌山線の線路はカーブが延々と続くというよりも、直線区間は比較的長いものの、いったん曲線となるとかなり急カーブで、それも長い距離をかけてほぼ直角に向きを変えるように曲がります。スピードを上げたり下げたりして乗り心地を損ねるよりも、やや遅くてもよいので一定の速度で走ることを選択したのかもしれません。

和歌山県の区間は、紀の川に沿って進む

列車の周囲は御所駅から2駅目の掖上駅までは水田が目立ち、掖上駅からは線路の周囲には木々が生い茂り、山の斜面が迫ってきます。やがて、近畿日本鉄道吉野線の列車も発

着する吉野口(よしのぐち)駅に到着しました。

吉野口駅を出発しますと本格的な峠越えのスタートです。木々はいっそう高くなり、右へ左へと急カーブが続きます。こう配は最大で20パーミルという上り坂です。もともとあまり速く走っていないこともあり、列車の速度はあまり落ちません。

大きく左に曲がると同時に周囲が開け、列車の右側に京奈和(けいなわ)自動車道の高架橋が見えてきたあたりが峠です。列車は今度は20パーミルの坂を下りはじめ、その途中で北宇智(きたうち)駅に着きます。

この駅は急こう配といえる20パーミルの坂の途中に置かれていました。このため、かつての北宇智駅ではスイッチバックといって、駅構内を平らな場所に置き、構内への出入りの際にはいったん折り返してジグザグに進む方式を見ることができたのです。しかし、スイッチバックは2007（平成19）年3月に姿を消しました。かつて活躍した蒸気機関車と比べて出力の大きな電車でしたら、20パーミルのこう配の途中で止まっても容易に発進できるからです。

峠越えの山岳区間は北宇智駅の次の五条(ごじょう)駅で終わりました。線路の周囲は市街地ですが、五条駅を出ますと緑が増え、ミカンの木

○吉野口駅と五条駅との間の峠越えに挑む。かつての難所も出力の大きな電車は余裕をもって通過してしまう。吉野口～北宇智間*

が植えられた果樹園も多いようです。列車は以後、西に向かって進みます。

列車は五条駅から2駅目の隅田(すだ)駅から和歌山県に入り、左側に標高1000ｍ前後の山々が見えてきたら橋本(はしもと)駅です。この駅には南海(なんかい)電気鉄道高野(こうや)線（22ページ）の列車も発着します。

橋本駅を出発しますと、線路の周囲はおおむね住宅ばかりです。さて、和歌山線は実は五条駅付近から吉野川（その後名前を変えて紀(き)の川(かわ)）と並走しているのですが、なかなか見えません。橋本駅から7駅目の西笠田(にしかせだ)駅で列車の左側に紀の川が見えてきました。その紀の川を、西笠田駅から6駅目の岩出(いわで)駅を出てしばらくしてから渡ります。

線路の周囲は相変わらずの市街地です。岩出駅から5駅目の田井ノ瀬(たいのせ)駅を出てしばらく行くと、日根野(ひねの)電車区新在家(しんざいけ)派出所と呼ばれる電車の留置場所があります。ここを過ぎますと列車は左に曲がり、終点の和歌山駅に到着です。

○和歌山線の列車が紀の川を渡る機会は一度だけ。長さ261ｍの紀ノ川橋りょうは、三角形に鋼材を組み合わせて橋げたを構成したトラス橋のうち、上面がカーブを描く曲弦(きょくげん)トラス橋となっている。岩出～船戸(ふなと)間*

近江鉄道

本線／多賀線／八日市線

米原～貴生川間（本線）、高宮～多賀大社前（多賀線）、八日市～近江八幡間（八日市線）

［営業キロ］47.7km（本線）、2.5km（多賀線）、9.3km（八日市線）

［最初の区間の開業］1898（明治31）年6月11日／彦根～愛知川間（本線）、
1914（大正3）年3月8日／高宮～多賀大社前間（多賀線、全通）、
1913（大正2）年12月29日／新八日市～近江八幡間（八日市線）

［最後の区間の開業］1931（昭和6）年3月15日　米原～彦根間（本線）、
1946（昭和21）年1月1日　八日市～新八日市間（八日市線）

［複線区間］なし

［電化区間］米原～貴生川間、高宮～多賀大社前間、八日市～近江八幡間／直流1500ボルト

［旅客輸送密度］1783人（本線、多賀線、八日市線を合わせた数値）

全線にわたって平坦な区間を一直線に進む

近江鉄道は滋賀県内に本線、多賀線、八日市線の3つの路線を所有し、営業を行っています。本線は、米原市にあり、JR東海・JR西日本の東海道線、JR西日本の北陸線の列車も発着する米原駅を起点とし、甲賀市にあり、JR西日本の草津線や信楽高原鐵道の信楽線の列車も発着する貴生川駅を終点とする、47.7kmの路線です。多賀線は彦根市にあり、本線の列車も発着する高宮駅を起点とし、多賀町にある多賀大社前駅を終点とする路線でして、営業キロは2.5kmとなります。八日市線は近江市にある八日市駅を起点とし、近江八幡市にあり、東海道線の列車も発着する近江八幡駅を終点とする9.3kmの路線です。

米原駅を出発した本線の列車は、東海道新幹線の線路と最大で数百mの間隔を置いて並走し、2駅目の鳥居本駅で列車は右に曲がり、東海道新幹線の線路をくぐります。やがて線路の周囲は木々におおわれ、山道となり

○八日市線の太郎坊宮前～市辺間を普通列車が行く。写真奥左側に見える山は標高357mの赤神山で、太郎坊宮が建立されている。*

ました。トンネルをくぐって坂を下り出しますと、前方に都市が見え、彦根市を代表する駅で東海道線の列車も発着する彦根駅があります。

彦根駅を出発しますと、今度は東海道線の線路と1.6kmほど並走します。ひこね芹川駅を経て彦根口駅のあたりで東海道線の線路と離れ、高宮駅を経て犬上川を渡り終えますと、左側から再び東海道新幹線の線路が近づいてきました。ここから7kmあまりの間、本線は東海道新幹線と並走します。この区間には途中1カ所にごく緩いカーブがあるだけで、列車は一直線に進み、しかもほぼ平坦区間ですので坂もほとんどありません。これだけの長い距離を新幹線と一緒に敷かれた線路をもつ民鉄は近江鉄道本線だけです。

愛知川駅を出発しますと、列車は右に曲がって東海道新幹線の線路から離れます。列車は愛知川を渡った後、今度は左にカーブして向きを南に変えますと、再び東海道新幹線の高架橋が近づいてきました。高架橋をくぐる直前で五箇荘駅に到着です。

線路は五箇荘駅から一直線に南を目指します。線路の周囲は一面の水田でして、ところどころに民家が建つといった状況です。河辺の森駅を経てしばらく行きますと、列車の右側には標高372mの箕作山、左側には市街地が現れます。そのままさらに進みますと、東近江市の代表駅で、八日市線の起点となる八日市駅に到着です。

米原駅方面からの本線の列車の多くは貴生川駅方面ではなく、八日市線に乗り入れます。八日市線の終点、近江八幡駅が近江八幡市の市街地にあって、利用者が多いからでしょう。

八日市駅を出た列車は水田地帯のなかを南南西に進みます。長谷野駅を経て大学前駅を出発しますと、周囲に木々が目立ちますが、山岳区間といったほどではありません。次の京セラ前駅を出ますと広々とした水田地帯が再び現れ、日野駅に到着です。

日野駅を出発し、日野川を渡り終えますと水田が棚田になったことに気づいたでしょうか。列車が坂を上っていることからもわかる

○本線の愛知川駅と五箇荘駅との間で愛知川を渡る。長さ239mの愛知川橋りょうには、1898年に架けられたポニーワーレントラスと呼ばれるトラス橋がいまも健在だ。*

○八日市駅は本線と八日市線とが分岐する駅だ。写真の電車には、沿線の豊郷町と、八日市線の愛称、万葉あかね線とにちなんだキャラクター、「豊郷あかね」のラッピング塗装が施された。*

ように、緩やかながら峠越えが始まっているからです。峠は長さ147mの清水山トンネルを通り抜けてほどなく現れ、緩やかな坂を下って水口松尾駅に到着です。

史跡や古くからの神社が見られる

次の水口駅は旧東海道の宿場町として知られる水口に由来して名づけられました。宿場跡はさらに次の水口石橋駅から東西に約1kmずつ広がっており、特に東側にある東見附跡、高札場跡などをめぐるのもよいでしょう。

水口石橋駅から水口城南駅を経て野洲川を渡っても市街地は途切れません。列車は大きく左に曲がって終点の貴生川駅に到着です。

続いて多賀線を紹介しましょう。多賀線の列車は高宮駅を出発して大きく左に曲がり、東海道新幹線の高架橋をくぐってスクリーン駅に着きました。駅名は、スクリーンホールディングスという会社の彦根事業所への最寄駅という意味で名づけられたので、駅前に大きなスクリーンはありません。

水田のなかを一直線に進み、終点の多賀大社前駅に到着です。東に700mほどの場所に建つ多賀大社は延命長寿、縁結び、厄除けの神様として信仰を集め、「お多賀さん」として親しまれています。

最後に紹介する八日市線の列車は八日市駅を出発しますと右に曲がり、本線や多賀線と同じく水田のなかを進んでいくのが特徴です。新八日市駅を経て、太郎坊宮前駅は、勝運の神様として知られる天照大神の第一皇子がまつられている、太郎坊宮への最寄駅です。正式には阿賀神社と呼ばれる太郎坊宮は駅から1kmほど北に位置し、歩いて20分ほどの道のりです。

次の市辺駅を出てすぐ右に曲がっても八日市線の線路は相変わらずまっすぐです。市辺駅の2駅先の武佐駅を出発しますと東海道新幹線の高架橋をくぐり、その後左に曲がってしばらく進むと市街地が現れました。終点・近江八幡駅に到着です。

本線の水口石橋駅を中心に広がっている東海道水口宿跡の街並み。街を歩けば江戸時代にタイムスリップしたような感覚が味わえる。*

「お多賀さん」として親しまれる多賀大社へは多賀線の多賀大社前駅からが便利だ。写真は拝殿で、写真では見えないが奥に本殿が控える。*

10

北近畿タンゴ鉄道・WILLER TRAINS

宮福線／宮津線

宮津～福知山間（宮福線）、西舞鶴～豊岡間（宮津線）

［営業キロ］30.4km（宮福線）、83.6km（宮津線）

［最初の区間の開業］1988（昭和63）年7月16日／宮津～福知山間（宮福線、全通）、1924（大正13）年4月12日／西舞鶴～宮津間（宮津線）

［最後の区間の開業］1932（昭和7）年8月10日／夕日ヶ浦木津温泉～久美浜間（宮津線）

［複線区間］なし

［電化区間］宮津～福知山間（宮福線）、宮津～天橋立間（宮津線）／直流1500ボルト

［旅客輸送密度］855人（宮福線と宮津線とを合わせた数値）

近代的な路線で宮津と福知山を結ぶ

京都府に敷かれた宮福線、京都府と兵庫県とにまたがって敷かれた宮津線は線路を北近畿タンゴ鉄道が保有し、実際の営業は2015（平成27）年4月1日からWILLER TRAINSが担当しています。北近畿タンゴ鉄道とは京都府などが出資して設立した第三セクター企業で、いっぽうのWILLER TRAINSとはWILLERというバス会社を親会社とする民間企業です。営業に際してWILLER TRAINSは親しみやすいように京都丹後鉄道という名を用いています。

宮福線は、宮津市にあり宮津線の列車も発着する宮津駅を起点とし、福知山市にあり、JR西日本の山陰線、福知山線の列車も発着する福知山駅を終点とする30.4kmの路線です。1960年代から建設されていた線路を北近畿タンゴ鉄道の前身の宮福鉄道が完成させ、1988（昭和63）年7月16日に開業を果たします。

いっぽうの宮津線は国鉄の宮津線として開業し、1990（平成2）年4月1日にJR西日本から経営が分離されました。京都府の舞鶴市にあり、JR西日本の舞鶴線の列車も発着する西舞鶴駅を起点とし、兵庫県豊岡市にあり、JR西日本山陰線の列車も発着する豊岡駅を終点とする83.6kmの路線です。

宮福線の列車は宮津

山陰近畿自動車道の高架橋をくぐる宮福線のディーゼルカー。新旧の乗り物の比較に見えがちだが、宮福線の建設も1980年代と比較的新しい。宮村～喜多間*

線の豊岡方面の線路と南西に向かって並走し、やがて分かれて南南西を目指します。盛土の上を一直線に進む列車の周囲は初めは市街地で、次いで水田です。宮村駅を経て喜多駅に着くころには列車の左側に山が迫ってきました。

喜多駅を出発しますと、線路の周囲は列車の右側を流れる大手川の谷間となります。峠越えが始まり、最も急なところで25パーミルの上り坂となり、短いトンネルを一つ通り抜けた後、続いて入るトンネルは長さ3215mの普甲トンネルです。峠はトンネルの出口の手前にあり、トンネルを出るころには列車は下り坂を走っています。

下り坂が始まってすぐのところにある辛皮駅を過ぎるとトンネルの連続です。2つ目の栃葉トンネルは2103mあり、近代的な路線らしく、長いトンネルで一気に山を越えてしまいます。

大江山口内宮駅は徒歩15分ほどのところにある皇大神社にちなんで名づけられました。伊勢神宮に天照大神の神鏡が鎮座する前にまつられた由来をもつために、元伊勢内宮皇大神社とも呼ばれます。

○難読な駅名である大江山口内宮駅を下車すると、駅名の元となった元伊勢内宮皇大神社がある。*

峠越えは次の二俣駅のあたりで終わりますが、並走する川が大手川から宮川に変わっても谷間を行く光景は変わりません。大江高校前駅を経て大江駅を出ますと宮川は由良川と合流し、今度は列車の左側を川が流れるようになりました。

峠越えを繰り返し、若狭湾に沿って進む

列車が公庄駅を経て下天津駅を出ますと、長さ2165mと宮福線で2番目に長い下天津トンネルに入ります。このトンネルを出ますと牧駅です。牧川を渡って長さ1075mの狭間トンネルに入り、通り抜けますと荒河かしの木台駅に着きました。ここからは列車の右側に敷かれた山陰線の単線と並走します。途中、宮福線の列車しか停車しない福知山市民病院口駅を経て終点・福知山駅に到着です。

今度は宮津線を紹介しましょう。宮津線の列車は西舞鶴駅を出発しますと、舞鶴線の線路と並走して南に進みます。やがて舞鶴線の線路から離れて列車は右に曲がり、向きを西に定めました。列車は初めは住宅地、次いで水田のなかを走り、右に曲がって進路を北西に変えると山あいを進むようになります。次の四所駅を経て東雲駅を過ぎますと周囲が開け、やがて列車の左側には、川幅が広いところで400mほどもある由良川が現れました。

丹後神崎駅を出ますと、長さ551mの由良川橋りょうで由良川を渡ります。列車の右側には由良川が流れ込む若狭湾が見えるでしょ

う。

由良川橋りょうから列車は若狭湾に沿って西に走ります。丹後由良駅を出ますと列車の右側に海が現れました。でも、海岸の近くまで山が迫っていますので、トンネルもいくつかくぐります。やがて市街地が現れ、宮津駅に到着です。

宮津駅から3つ目のトンネルを出ますと、列車の右側に若狭湾が姿を見せ、右斜め前方に長さ3.6kmの砂嘴から成る日本三景の一つ、天橋立がかすかに拝めるでしょう。天橋立観光の中心となる天橋立公園へは天橋立駅から歩いて5分ほどの道のりです。

天橋立駅の次の岩滝口駅を出発しますと、列車は若狭湾から離れた場所を進みます。山あいの区間と水田地帯とが交互に現れ、与謝野駅と京丹後大宮駅との間、京丹後大宮駅から2駅目の網野駅と夕日ヶ浦木津温泉駅との間、夕日ヶ浦木津温泉駅から3駅目の久美浜駅とコウノトリの郷駅との間で、三度も峠を越えなくてはなりません。最も急なこう配はいずれも25パーミルと険しく、最後の2つの峠付近では降雪が多いためにスノーシェルターでおおわれた場所も見られます。

コウノトリの郷駅を出てトンネルをくぐりますと長らく続いた山岳区間ともお別れです。列車が円山川を渡りますと、豊岡市の市街地に入りました。そのまましばらく行くと終点の豊岡駅に到着です。

宮津線の沿線で特筆される景色は、由良川橋りょうからの眺めだ。橋が河口に近い場所に架けられているため、海面上を走っているかのように感じられる。丹後神崎〜丹後由良間*

丹後由良駅と岩滝口駅との間では宮津線の列車はほぼ若狭湾に沿って走る。丹後由良〜栗田間

日本三景の一つ、天橋立を高台にある天橋立ビューランドから眺めたところ。龍が天に昇るように望まれることから、「飛龍観」と呼ばれる。写真左下に見える駅は天橋立駅だ。*

11

京阪電気鉄道

京津線／石山坂本線

御陵〜びわ湖浜大津間（京津線）、石山寺〜坂本比叡山口間（石山坂本線）

［営業キロ］7.5km（京津線）、14.1km（石山坂本線）

［最初の区間の開業］1912（大正元）年8月15日／御陵〜札の辻（現在は廃止）間（京津線）、
1914（大正3）年1月12日／京阪石山〜粟津間（石山坂本線）
［最後の区間の開業］1925（大正14）年5月5日／札の辻（現在は廃止）〜びわ湖浜大津間（京津線）、
1927（昭和2）年8月13日（★9月10日？）／松ノ馬場〜坂本比叡山口間（石山坂本線）
［複線区間］御陵〜びわ湖浜大津間（京津線）、石山寺〜坂本比叡山口間（石山坂本線）
［電化区間］御陵〜びわ湖浜大津間（京津線）、石山寺〜坂本比叡山口間（石山坂本線）
／直流1500ボルト
［旅客輸送密度］9648人（京津線と石山坂本線とを合わせた数値）

地下鉄、山岳鉄道、路面電車と、次々姿を変える

京阪電気鉄道には、京阪本線を中心とした系統のほかに、もう一つ「大津線」と呼ばれる路線系統があります。「大津線」は通称で、京都市交通局東西線の御陵駅から分岐してびわ湖浜大津停留所に至る京津線と、石山寺停留所からびわ湖浜大津停留所を経て坂本比叡山口停留所までを結ぶ石山坂本線の2路線から成っています。どちらの路線も、大正時代から昭和初期にかけて開業した路面電車をルーツとしており、昭和の初めまでに京阪電気鉄道に合併されました。

今回紹介する両路線の2015（平成27）年度の旅客輸送密度は9648人と、本来でしたらローカル鉄道路線ではありません。しかし、両路線とも大変特徴があり、ぜひとも紹介しましょう。なお、京津線、石山坂本線とも正式には路面電車の法律で開業していますので、一般の鉄道で駅に相当する場所は停留場です。ですが実際に乗ってみますと、駅と案内されています。

まずは京津線に乗りましょう。京津線は、全長7.5kmの短い路線ですが、京都市交通局の地下鉄東西線への乗り入れや急こう配、急曲線、道路上を走る併用軌道など、さまざまな区間があり、日本の鉄道技術がぎゅっと凝縮されています。

起点は御陵停留場です。早朝・深夜の電車を除き、

○京津線は全国的にも有数の山岳路線だ。最も急なこう配は61パーミルで、写真の場所でも41.3パーミルの坂を上っている。車両は京阪電気鉄道の800系（旧塗装時代）だ。追分〜大谷間　筆者撮影

ほとんどの電車が東西線に乗り入れ、太秦天神川駅まで直通しています。京都市街の地下を走ってきた電車は、御陵駅の手前で左に分岐して東西線と分かれます。御陵停留場を発車するとまもなく地上に出て、JR西日本東海道線の線路をくぐって京阪山科停留場へ。

車両基地がある四宮停留場からは、急こう配が連続する逢坂山越えの区間。2つ先の大谷停留場まで40パーミル近い急こう配が続き、2.9kmで100m近くも登ります。大谷停留場を出発すると、逢坂山トンネルに入って下り坂になります。逢坂山は、近江国と山城国との境にあり、古代から逢坂関と呼ばれる関所が置かれた要所でした。平安時代には、清少納言や蝉丸が和歌に詠んだことでも知られています。

逢坂山トンネルを出たところで待つのは、半径40mの急カーブ。電車は時速20kmまで減速し、キーキーと車輪をきしませながら、左へほぼ直角に曲がります。レールと車輪とに大きな摩擦がかかるため、このあたりの線路には水をまくスプリンクラーが設置されています。

○逢坂山隧道は1880年7月15日に東海道線大津（後の浜大津）〜大谷（現在は廃止）間が開通した際に用いられたトンネルだ。新線への切換が完了した1921年8月1日に廃止となった。*

ここから電車は一気に琵琶湖へ向けて下ります。61パーミルという最大こう配があるのもこの区間。日本の鉄道で3番目に急なこう配です。一般的な電車が登ることのできるこう配は35パーミルと定められていることからも、その険しさがわかるでしょう。

山を下って、上栄町停留場に到着。ここから徒歩10分のところには、1880（明治13）年に初めて日本人によって建設された鉄道トンネル、旧逢坂山隧道が保存されています。

石山坂本線の一部区間は、元東海道線

上栄町停留場からは、先ほどまでの山越えとはうってかわって、滋賀県道高島大津線の真ん中を走る併用軌道区間へ。再び半径40mの右カーブを通過し、終点、びわ湖浜大津停留場に到着します。地下鉄、登山鉄道、路面電車と目まぐるしく状況が変わる京津線の800系電車には、地下鉄用のATO（自動列車運転装置）や急こう配用の特殊なブレーキ、高さを変えられるパンタグラフなど、さまざまな装置が備えられています。

今度は、石山坂本線に乗りましょう。石山坂本線の起点は、琵琶湖から流れ出る瀬田川（淀川）のほとりにある石山寺停留場。徒歩10分ほどのところには、駅名の由来ともなった石山寺があります。京都の清水寺や奈良の長谷寺とも並ぶ観音霊場で、『源氏物語』は紫式部がこの寺にこもって祈願したときに着想したという伝承もあります。

地下鉄、山岳区間、道路上と京津線の電車はさまざまな環境の線路を行く。写真の道路は県道高島大津線で、京津線の線路が約560mに渡って敷かれている。上栄町〜びわこ浜大津間

石山坂本線の京阪膳所停留場。旅客への案内上では駅と表示される。写真左はJR西日本東海道線の膳所駅。かつて、東海道線と石山坂本線とは線路で結ばれていた。 筆者撮影

最初の停留場は、唐橋前停留場。5分ほど歩いたところに、瀬田の唐橋があります。京都の宇治橋、山崎橋と並ぶ日本三名橋の一つで、江戸時代には歌川広重の浮世絵「近江八景」に、「勢田夕照」として描かれました。

京阪石山停留場付近でJR西日本東海道線の線路を乗り越えた石山坂本線は、京阪膳所停留場の先で再び東海道線に近づきます。1969（昭和44）年までは、東海道線と石山坂本線の線路はここでつながっていました。京阪膳所〜びわ湖浜大津間は、もともと1880年に東海道線の一部として建設された区間。当時、長浜〜大津間は琵琶湖の船で連絡していたため、鉄道は船着き場のあった大津駅（現・びわ湖浜大津駅）から馬場駅（現・膳所駅）を経由して京都駅方面へ向かったのです。東海道線の全通後、大津〜馬場間は国有鉄道の大津線となり、1913（大正2）年に石山坂本線の前身である大津電車軌道線もこの区間に開業。左右のレールの幅が異なるため、この区間には3本のレールが敷かれました。大津線は貨物線として存続しましたが、1969年に廃止され、現在の姿になりました。

京津線が分岐するびわ湖浜大津停留場から次の三井寺停留場までは、道路の上を走る併用軌道区間です。再び専用の敷地内に敷かれた新設軌道に戻ると、県道伊香立浜大津線に沿って住宅地の中をまっすぐ北上します。終点の坂本比叡山口停留場は、比叡山観光の玄関口。15分ほど歩いたところに比叡山鉄道比叡山鉄道線のケーブル坂本駅があり、ケーブルカーに乗って比叡山延暦寺を訪れることができます。

石山坂本線の電車が琵琶湖第1疏水を渡る。写真奥に見えるのは天台寺門宗の総本山、三井寺。桜の名所としても知られる。三井寺〜大津市役所前間

叡山電鉄

叡山本線／鞍馬線

出町柳～八瀬比叡山口間（叡山本線）、宝ケ池～鞍馬間（鞍馬線）

［営業キロ］5.6km（叡山本線）、8.8km（鞍馬線）

［最初の区間の開業］1925（大正14）年9月27日／出町柳～八瀬比叡山口間（叡山本線、全通）、1928（昭和3）年12月1日／宝ケ池～市原間（鞍馬線）
［最後の区間の開業］1929（昭和4）年10月20日／市原～鞍馬間（鞍馬線）
［複線区間］出町柳～八瀬比叡山口間（叡山本線）、宝ケ池～二軒茶屋間（鞍馬線）
［電化区間］出町柳～八瀬比叡山口間（叡山本線）、宝ケ池～鞍馬間（鞍馬線）／直流600ボルト
［旅客輸送密度］6545人（叡山本線と鞍馬線とを合わせた数値）

叡山電車として親しまれる路線

叡山電鉄は京都府京都市内で叡山本線、鞍馬線の2路線の営業を行い、「叡山電車」として親しまれています。両路線とも、多くの区間で京都市の市街地を通っており、ローカル鉄道路線という趣はあまり感じられません。しかし、叡山本線、鞍馬線とも終点に近い区間には険しい山岳区間があり、特に鞍馬線では全国有数といってよい急な坂道が待ち構えています。区間によってさまざまな表情を見せる叡山電車の魅力を紹介しましょう。

京阪電気鉄道鴨東線の列車も発着する出町柳駅を起点とする叡山本線は、終点である八瀬比叡山口駅までを結ぶ5.6kmの路線です。いっぽう、鞍馬線は叡山本線の宝ヶ池駅を起点とし、鞍馬駅までの間を結んでいます。この区間の営業キロは8.8kmです。

出町柳駅は、鴨東線の駅が地下駅であるのに対し、叡山本線の駅は地上に設置されています。3組の線路が並んだ叡山本線の起点の駅で待っているのは、1両だけまたは2両編成と路面電車のような電車です。しかし、叡山本線、鞍馬線とも一般的な鉄道として開業していますし、両路線とも道路上を走る区間はありません。

叡山本線の列車が出町柳駅を出発しますと、すぐに右に大きく曲がり、京都市内を東西に走る御蔭通と踏切で交差します。線路の周囲は京都市の市街地です。今度は京都市を南北に貫く東大路通を踏切で通り越すと元田中駅に着きます。

市街地は相変わらずでして、茶山駅、一乗寺駅と過ぎ、列車の右側に叡山電鉄の車庫が見えてきたら修学院駅に到

出町柳駅を写真右の3番線から鞍馬線鞍馬駅行きの列車が出発するところ。基本的に出町柳駅では、鞍馬駅方面の列車は3番線に加えて写真中央の2番線から、叡山本線八瀬比叡山口駅方面の列車は写真左端の1番線からそれぞれ出発する。*

○叡山本線から鞍馬線が分岐する宝ヶ池駅に到着した叡山本線八瀬比叡山口駅からの列車。写真の電車は叡山電鉄のデオ720形だ。*

着です。この駅から徒歩20分ほどのところには、17世紀中ごろに後水尾（ごみずのお）上皇によって造営された修学院（しゅがくいん）離宮があります。人の手でつくられた池を中心とした広大な庭園は、周囲の山や樹木を庭園の景色として採り入れた借景（しゃっけい）となっていて、見事な景観です。

修学院駅を出発してしばらくしますと、叡山本線の複線の線路から左に向かって鞍馬線の複線が分かれていきます。列車はそのまま進み、宝ヶ池駅に到着です。

宝ヶ池駅を出ますと列車はそれまでの北から北東、そして東北東へと向きを変えます。線路の周囲は市街地ですが、木々の緑が目立つようになりました。

急こう配区間を経て、鞍馬駅を目指す

市街地は次の三宅八幡（みやけはちまん）駅までで、この駅を出ますと線路の周囲に木々が立ち並びます。いままで緩やかであった上り坂も険しくなり、ところによっては33.3パーミルという急こう配です。前方に標高848mの比叡山がそびえるなか、終点の八瀬比叡山口駅に到着しました。

駅を出て200mほど歩きますと、京福（けいふく）電気鉄道鋼索（こうさく）線のケーブル八瀬駅です。ここからはケーブルカーで1.3km先のケーブル比叡駅に行き、ここで京福電気鉄道のロープウェイに乗り換え、約500m先が終点の比叡山頂（ひえいさんちょう）駅です。駅前からはシャトルバスを利用しますと、最澄（さいちょう）が開いた天台宗（てんだいしゅう）の総本山、延暦寺（えんりゃくじ）に参拝できます。

鞍馬線の列車は、宝ヶ池駅を出発した直後に37パーミルの急な上り坂に挑まなくてはなりません。線路の周囲の家が傾いて見えるほどのこう配ながら、この先のさらなる急坂（きゅうはん）を考えますと序の口といえるでしょう。

八瀬比叡山口駅に叡山本線の列車が到着した。この駅では京福電気鉄道の鋼索線に乗り換えることができる。*

複線区間と単線区間との境界となる鞍馬線の二軒茶屋駅で、鞍馬駅行きの列車（写真左）と出町柳駅行きの列車（写真右）とが行き違うところ。

次の八幡前駅を出ますと、列車は左に大きく曲がり、進路は西に変わります。カーブを曲がりきったところにある岩倉駅の周囲も京都市の市街地です。でも、前方には山がそびえ、これから先の様子がうかがえます。

岩倉駅から2駅目の京都精華大前駅のあたりまで来ますと、ずいぶんと木々の緑が目立つようになりました。

列車は右に曲がり、北に進路を向けます。これから向かうのは標高584mの鞍馬山です。二軒茶屋駅で長らく続いた複線区間は終わり、終点の鞍馬駅まで単線となります。線路の周囲には住宅が建ち並んでいますが、ところどころで森が見られるようになりました。こう配はいっそう急になり、次の市原駅の近くでは50パーミルにも達します。

市原駅を出発しますと京都市の市街地は姿を消し、線路の周囲は森ばかりとなって、急に山岳路線の趣が強くなりました。そのようななか、列車は二ノ瀬駅に到着です。線路の東側に市街地があるのですが、見通しが悪く、列車からは駅だけがぽつんと置かれているように見えます。

二ノ瀬駅から貴船口駅を経て終点・鞍馬駅までの道のりはほぼすべてが急な上り坂です。50パーミルのこう配の割合も増え、列車は右へ左へと曲がりながら、ゆっくりと上っていきます。

険しい坂道が続いたまま、列車は終点の鞍馬駅に到着しました。鞍馬駅を出て250mほど歩くと、鞍馬寺が運行している鞍馬山鋼索鉄道（64ページ参照）の山門駅です。ここから多宝塔駅までケーブルカーで登り、さらに山を登ると鞍馬寺の本殿金堂を参拝することができます。

鞍馬駅行きの列車が鞍馬川を渡る。写真の電車はデオ900形で、大型ガラスを用いて沿線の景色を楽しめるようにつくられた。市原～二ノ瀬間

阪堺電気軌道

阪堺線／上町線

恵美須町～浜寺駅前間(阪堺線)、天王寺駅前～住吉間

[営業キロ] 14.1km(阪堺線)、4.3km(上町線)

[最初の区間の開業] 1911(明治44)年12月1日／恵美須町～大小路間(阪堺線)、
1910(明治43)年10月1日／天王寺駅前～住吉間(上町線、全通)
[最後の区間の開業] 1912(明治45)年4月1日／御陵前～浜寺駅前間(阪堺線)
[複線区間] 恵美須町～浜寺駅前間(阪堺線)、天王寺駅前～住吉間(上町線)
[電化区間] 恵美須町～浜寺駅前間(阪堺線)、天王寺駅前～住吉間(上町線)／直流600ボルト
[旅客輸送密度] 4905人(阪堺線と上町線とを合わせた数値)

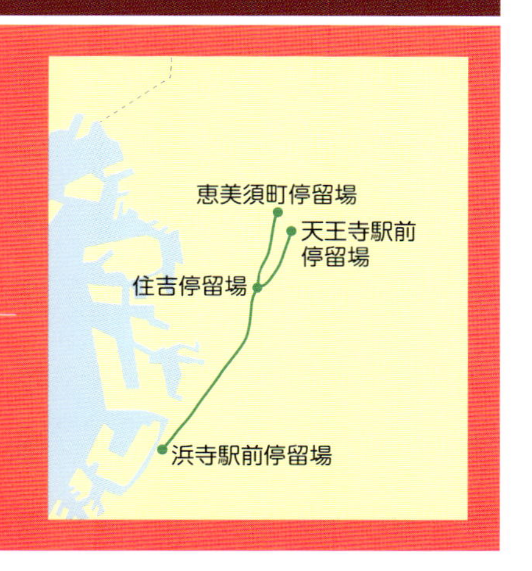

大都市大阪の中心部を行く路面電車

阪堺電気軌道の阪堺線は、大阪府大阪市浪速区の恵美須町停留場を起点とし、大阪府堺市西区の浜寺駅前停留場を終点とする14.1kmの路線、上町線は大阪市阿倍野区の天王寺駅前停留場を起点とし、大阪市住吉区の住吉停留場を終点とする4.3kmの路線です。路面電車である両路線の沿線は全線が市街地にあり、過疎地域を走るという意味でのローカル鉄道路線という要素はどこにもありません。

ところが、阪堺線と上町線とを合わせた旅客輸送密度は輸送力の小さな路面電車ということもあり、4905人(2015年度)と本巻の基準を満たしました。何よりも、阪堺線、上町線は大都市を走る鉄道としては地元への密着の度合いが高いといえ、「地元に根ざした」という意味でのローカル鉄道路線といえます。魅力あふれる両線の旅を紹介しましょう。

阪堺線の起点となる恵美須町停留場は、大阪市高速電気軌道の地下鉄である6号線(堺筋線)の恵美須町駅の近くにあります。この停留場から大通りの堺筋をはさんで東側には「新世界」と呼ばれる繁華街があり、その中心にそびえ立つのは展望塔の通天閣です。

恵美須町停留場を出発した電車はしばらくの間、専用の敷地に敷かれた新設軌道と呼

○恵美須町停留場を出発した阪堺線の電車。奥に見える展望塔は高さ108mの通天閣だ。写真の電車はモ161形モ166号で、製造は1928年と、国内で営業に用いられている電車としては最も古い。なお、現在は外部の塗装が変わり、上半分はクリーム色、下半分は緑色となった。*

ばれる線路を南下します。停留場の間隔は大体400ｍほど。加速したと思ったら止まり、そして再び加速の繰り返しです。

線路の周囲は住宅が建て込んでいて、電車の左右どちら側を見ても見通しは利きません。恵美須町停留場から7つ目の天神ノ森停留場を出ますと、南海電気鉄道高野線の高架橋が現れました。高架橋上には岸里玉出駅が設けられていますが、阪堺線には交差地点に停留場は置かれていません。交差したところから120ｍほど行った場所に東玉出停留場があり、ここで乗り換えです。

さて、高野線と交差した場所から50ｍほど行きますと、電車は道路上を走ります。相変わらず線路の周囲は住宅や商店が建て込んでいて、景色に変化はありません。ただし、建物をよく見ますと、昭和30年代から40年代にかけて建設されたものが多いようで、そのためかどこかレトロな趣をかもし出しています。

住吉大社付近で阪堺線と上町線とが合流し、分かれる

道路を1.4kmほど南下して住吉停留場を出発しますと、左側から複線の線路が現れて合流しました。この複線は上町線の線路です。と同時に左側に木々が生い茂る場所が見えてきました。住吉大社の鎮守の森です。家内安全の神として知られる住吉三神と神功皇后とをまつった住吉大社は大阪でも有数の神社でして、多くの参拝客を集めます。阪堺線、上町線もまた、参拝客に利用してもらうことも考えて建設された路線です。

電車は次の住吉鳥居前停留場を出て160ｍほど行きますと、道路から外れて新設軌道を走るようになりました。住吉鳥居前停留場から3つ目となる我孫子道停留場で、恵美須町停留場始発の電車はすべて終着となります。阪堺線を乗り通すには、上町線から乗り入れた電車への乗り換えが必要です。

車庫のある我孫子道停留場を出発しますと大和川を渡り、大阪市から堺市に入ります。我孫子道停留場から3つ目の綾ノ町停留場

○初詣客でにぎわう住吉鳥居前停留場に恵美須町停留場行きの電車が到着した。阪堺線・上町線が建設された目的の一つは、住吉大社への参拝客の輸送だ。*

○長さ198mの大和川の橋りょうを行く阪堺線の電車。この橋りょうが市の境となっており、我孫子道停留場側が大阪市住之江区、大和川停留場側が堺市堺区となる。*

○阪堺電気軌道のモ501形電車が堺市の大道筋を行く。軌道と道路との間には花が植えられていて気持ちがよい。神明町～妙国寺前間*

○写真の1001形は床面が軌道すれすれに設けられた最新の電車。その後方の超高層ビルはあべのハルカスだ。天王寺駅前～阿倍野間*

を出ますと線路は再び併用軌道となりました。道路は幅50mの大道筋です。線路の周囲に設けられた緑地帯、その横には片側3車線の道路と、いままでの道路と比べて格段に広く、急に視界が開けてきました。

綾ノ町停留場から5つ目の宿院停留場から歩いてすぐのところには、戦国時代の茶人として知られる千利休の屋敷跡があり、当時の面影を残す井戸を見学できます。宿院停留場から2つ目の御陵前停留場は、ここから東に徒歩20分ほどのところにある大山古墳（伝仁徳陵古墳）にちなんで名づけられました。

電車は御陵前停留場を出ますと再び新設軌道を走ります。市街地が途切れないなかを電車は進み、御陵前停留場から4つ目の船尾停留場を出ますと南海電気鉄道南海本線の線路の上を越えました。高架橋を降りますと終点の浜寺駅前停留場に到着です。

上町線の天王寺駅前停留場は道路上にあり、大通りの名は南北に延びるあべの筋です。東隣には、高さ300mと超高層ビルとしては全国一高いあべのハルカスがあり、58～60階にある展望台からは上町線をはじめ、大阪市内を走る鉄道の数々を見下ろせるでしょう。

次の阿倍野停留場を経て、松虫停留場の手前で併用軌道は途切れます。しかし、東天下茶屋停留場を経て、北畠停留場の手前で線路は再び道路に戻ってきました。この間、線路の周囲は住宅や商店ばかりです。

北畠停留場から3つ目の帝塚山四丁目停留場に着いたところで道路から離れました。電車は右に曲がりながら坂を上り始め、南海電気鉄道高野線の複線を越えていきます。交差地点には神ノ木停留場が設けられていますが、高野線には駅はなく、300mほど南にある住吉東駅まで行かなくてはなりません。

神ノ木停留場を出た電車が左に曲がると住吉停留場です。このまま阪堺線の線路に合流して電車は浜寺駅前停留場を目指します。

智頭急行

智頭線

上郡～智頭間　[営業キロ] 56.1km

[最初の区間の開業] 1994（平成6）年12月3日／上郡～智頭間
[最後の区間の開業] —
[複線区間] なし
[電化区間] なし
[旅客輸送密度] 2675人

トンネルと高架橋とで中国山地を縦断する路線

智頭急行智頭線は兵庫県上郡町の上郡駅を起点とし、鳥取県智頭町の智頭駅を終点とする56.1kmの路線です。本巻が対象としている関西地方に含まれる区間は上郡駅と石井駅との間の27.1kmでして、残りの石井～智頭間29.0kmのうち、石井～あわくら温泉間13.5kmは岡山県、あわくら温泉～智頭間15.5kmは鳥取県を通ります。しかし、智頭線の営業は全線が一体となって行われていますので、中国地方に含まれる区間も合わせて紹介することとしましょう。

もともと智頭線は国鉄の路線としての開業を予定され、1970年代に建設が始まりました。でも、国鉄の経営難によって建設は凍結され、1980年代半ばに第三セクター鉄道で開業することとなって工事は再開されます。

第三セクター鉄道として開業するにあたり、京阪神方面や岡山駅方面と鳥取駅方面とを結ぶ特急列車の運行が必要と見なされました。この結果、京都～鳥取・倉吉間には「スーパーはくと」、岡山～鳥取間には「スーパーいなば」という特急列車が智頭線を行き交っていて、2015（平成27）

○宮本武蔵駅付近を通過する特急「スーパーはくと」。京都～鳥取・倉吉間を智頭線経由で結ぶこの特急列車には、智頭急行のHOT7000系というディーゼルカーが使われている。*

智頭線各駅に停車する普通列車。写真の車両は智頭急行のHOT3500形ディーゼルカーだ。*

年度に鉄道事業で4億4000万円あまりの黒字を生み出した智頭急行の経営の柱となっているのです。

東西に敷かれた山陽線の複線にはさまれて敷かれた智頭線の単線の線路は、上郡駅から西に向かって敷かれています。列車はやがて高架橋を上り、山陽線を越えて右に曲がりました。高架橋はなおも続き、トンネルに入ります。トンネルを出ると列車どうしの行き違いのために設けられた岩木信号場となり、再びトンネルに入り、高架橋上に設けられた苔縄駅に到着です。

智頭線は中国山地を縦断する路線ですので、全線にわたって山あいの区間が続きます。川が形成した狭い谷間に沿って進むルートがよく見られるなか、智頭線は建設された時期が新しいので、山々はトンネルで貫かれ、その他の区間の多くには高架橋が築かれました。トンネルは合わせて41カ所にあり、延長は全体の43パーセントに相当する24.4kmにも達します。また、橋りょうは合わせて204カ所にあり、延長は11.5kmですから、トンネル以外の31.7kmのうち、36パーセントは川を越えているか、単に高架橋で通っているのです。

苔縄駅に着く手前あたりから列車の右側には千種川が流れています。智頭線の沿線はこの川によって形成された谷間に発展してきました。ただし、直線基調の智頭線の線路は川の蛇行に忠実に寄り添うことはなく、ところどころでトンネルを掘ってショートカットしています。

宮本武蔵ファンならぜひ訪れたい駅がある

次の河野原円心駅は、「河野原」と「円心」とを組み合わせたいわゆる複合駅名です。「河野原」は駅周辺の地名ですが、「円心」という地名は見当たりません。実は「円心」とは、鎌倉時代から南北朝時代にかけて活躍した武将の赤松円心の生誕地にちなんだものです。円心の木坐像や赤松家にゆかりの品々は、駅から徒歩5分ほどの宝林寺に展示されています。また、駅から約3km東南東にある標高440mの白旗山の山頂にあるのは、国の史跡である白旗城の跡です。足利尊氏に協力した円心はこの城に立てこもり、新田義貞に50日あまり攻められながらもついに落城しなかったという伝説を残しています。

列車は次の久崎駅を経て4カ所のトンネルを抜けますと、周囲が開けた土地に出てきました。高架橋の智頭線の左斜め後ろから線路が交差し、しばらく並走します。この線路はJR西日本姫新線の単線です。やがて列車は高架橋を降り、姫新線と同じ高さで一緒に走

因幡街道随一の宿場町として栄えた平福の街には、昔ながらの建物が軒を並べる。特に、佐用川沿いの川端風景は美しい。*

りながら、右に曲がったところで佐用駅に到着です。

佐用駅を出発した列車はしばらくは姫新線の単線を右に見ながら並走し、やがて左に分かれて、再び北を目指します。次の平福駅は江戸時代に因幡街道最大の宿場町として栄えたところです。駅の周辺にはいまも当時の面影を残した建物が見られ、平福駅の駅舎も宿場町のイメージを残した蔵造りの建物となっています。

智頭線と並走する川は久崎駅の手前から佐用川に変わりました。平福駅と次の石井駅までの間で佐用川は右に左に蛇行しており、まっすぐに進む智頭線はこの区間だけで佐用川を5回も渡ります。

石井駅を出発した列車はすぐにトンネルに入り、岡山県に入るとともに佐用川から離れました。前方に鳥取自動車道の巨大な高架橋が現れ、くぐると同時にトンネルに入って右に曲がります。トンネルを抜けると宮本武蔵駅に到着です。

駅名は、江戸時代初期の剣豪、宮本武蔵の生誕地であることにちなんで名づけられました。プラットホームの壁には高さが2mほどもある武蔵の肖像画が飾られています。駅の周辺には武蔵の生家や墓、武蔵資料館などがあり、徒歩10分から30分ほどの道のりです。武蔵ファンなら一度は訪れたい場所といえます。

次の大原駅を出ますと、次第に山が深くなってきました。トンネルの比率はいっそう高まり、大原駅から2つ目のあわくら温泉駅と山郷駅との間には長さ5592mと、智頭線最長の志戸坂トンネルが待ち構え、このトンネルを出ると鳥取県です。

山郷駅を出発した後もトンネルは続き、最後のトンネルとなる智頭トンネルをくぐり終えた後、左から現れるJR西日本因美線の単線と並走しながら終点の智頭駅に到着です。

宮本武蔵駅のプラットホームには、駅名の由来となった剣豪の巨大な肖像画が飾られている。*

終点・智頭駅の一つ前にある恋山形駅は、恋がかなう駅として駅全体がピンク色に塗られているのが特徴だ。*

和歌山電鐵

貴志川線

和歌山～貴志間 [営業キロ] 14.3km

[最初の区間の開業] 1916（大正5）年2月15日／和歌山～伊太祈曽間
[最後の区間の開業] 1933（昭和8）年8月18日／伊太祈曽～貴志間
[複線区間] なし
[電化区間] 和歌山～貴志間／直流1500ボルト
[旅客輸送密度] 3471人

住民たちが力を合わせて存続させた路線

一度は廃止が決まりかけた路線が、沿線に暮らす人々の自発的な活動によって再生する──。そんなすてきな路線が和歌山県にあります。和歌山電鐵貴志川線です。

貴志川線はかつては南海電気鉄道の路線でしたが、自家用車の普及で利用者が減ったことから、一度は廃止が決まりました。しかし、利用者が減っているとはいえ、沿線の人口は増えていました。鉄道がなくなれば交通渋滞は激しくなり、高齢社会にも対応できません。沿線に暮らす人々は、貴志川線が必要であるというデータを集めて存続を訴えました。その結果、和歌山市などの自治体が南海電気鉄道から施設を買い取り、新しい会社が運営を引き継ぐことになったのです。

新しい会社は、公募によって岡山県岡山市で路面電車の岡山電気軌道などの事業を行っている両備グループに決まり、2006（平成18）年4月1日、和歌山電鐵貴志川線として再スタートを切りました。正式な会社名は「和歌山電鐵」ですが、通常は「わかやま電鉄」という表記を使っています。

再スタートした貴志川線には、両備グループのある岡山に縁のあるデザイナー、水戸岡鋭治さんがデザインした「いちご電車」「おもちゃ電車」「たま電車」「う

新緑のなかを貴志川線の普通列車が行く。写真の電車は、地元和歌山の名産品である梅干しをテーマにリニューアルされた「うめ星電車」だ。自由に乗車でき、車内には地元の特産品も展示される。山東～大池遊園間*

め星電車」など、ユニークな電車が次々に登場しました。終着駅の貴志駅では、猫が駅長に就任するなど話題を集め、観光客も大勢訪れる人気路線になっています。

JR西日本の阪和線や紀勢線、和歌山線の列車が発着する和歌山駅の隣にあるレトロな乗り場から発車した電車は、民家の軒先をガタゴトと走ります。2つ目の日前宮駅は、紀伊国一宮といって紀伊国で最も格式が高い神社で、『日本書紀』にも登場する日前神宮と國懸神宮とへの最寄り駅です。森に囲まれた境内には厳かな空気が流れています。

大池遊園に咲き誇る桜に見送られ、「おもちゃ電車」が大池を渡る。玩具をテーマとしたおもちゃ電車の車内には、おもちゃの展示をはじめ、カプセルトイの自動販売機が設置された。山東～大池遊園間*

貴志駅の猫駅長であった「たま」をテーマとした「たま電車」の車内。車内に描かれた「たま」の絵は101体分あるという。*

住宅地を一直線に南へ延びていた線路は、竃山駅の手前で左に大きくカーブし、左手に一面の水田が見えてくると、交通センター前駅に到着。ホームの横に見える緑色の電車は、1980（昭和55）年に廃止された南海電気鉄道平野線で活躍していたモ217号です。1938（昭和13）年に製造された路面電車で、車内を見学できます。

列車は再び住宅地に入り、多くの人々が乗り降りする吉礼駅を過ぎると伊太祈曽駅です。和歌山電鐵の本社と車両基地とがある中心駅で、終点の貴志駅とともに、駅舎がある貴重な駅です。毎週火・土・日曜の日中には、猫駅長の「よんたま」が「勤務」しています。

伊太祈曽駅から少し歩くと、駅名にもなった伊太祁曽神社があります。ここは「木の神様」をまつる神社として知られ、日前神宮や國懸神宮と同じ紀伊国一宮に数えられています。3つの神社をお参りすることを「三社参り」といい、貴志川線に乗れば手軽に神話の世界に触れることができます。

猫のスーパー駅長が待つ終着駅

次の山東駅周辺はたけのことミカンの産地。駅周辺にはミカン畑が点在しています。列車は山越えに差しかかり、左右に森が迫ってきます。視界が開けると、大きな池を横切って、大池遊園駅に到着。大池遊園は、周囲4kmほどの大池を中心とした公園です。桜の名所として知られ、毎年3月下旬には大勢の花見客でにぎわうほか、11月ごろには見事な紅葉も楽しむことができます。大池遊園駅手前にある小さな鉄橋は、貴志川線を代表する撮影スポット。風のない日は池の水面に電車が鏡のように映り、手軽にすてきな写真を撮れます。

次の西山口(にしやまぐち)駅はプラットホームが1面あるだけの小さな無人駅ですが、貴志川線にとってはとても重要な駅です。駅の西側に和歌山県営長山(ながやま)団地（住宅地）があり、朝夕には多くの通勤・通学客が西山口駅を利用するのです。団地には200戸以上が入居し、和歌山市街へ向かう道は県道1本しかありません。もし貴志川線が廃止されていれば、大変な交通渋滞が発生していました。貴志川線は、人々の暮らしになくてはならない路線なのです。

列車は再び水田と民家とが点在する平地に出て、高校生が大勢利用する甘露寺前(かんろじまえ)駅を過ぎると、終点・貴志駅に到着です。

貴志駅で待っているのは、三毛猫のスーパー駅長ニタマ。改札口の前に設けられた「駅長室」で、水・木曜日を除く日中に会えます。

貴志駅に猫の駅長が誕生したのは、2007（平成19）年1月のこと。元々、貴志駅の売店で飼われていた「たま」が駅のアイドル的存在だったことから、和歌山電鐵の小嶋光信(こじまみつのぶ)社長のアイディアで、正式に駅長に就任しました。全国でも珍しい猫の駅長は大人気となり、大勢の人たちが貴志川線を利用してたま駅長に会いに来たのです。たまは、2015（平成27）年に16歳（人間の70～80歳に相当）の生涯を終え、現在の「ニタマ」は二代目です。

貴志川線の終点・貴志駅は猫駅長をテーマに、駅舎も猫をイメージしたつくりとなっている。*

貴志駅の二代目猫駅長を務める「ニタマ」。人によく慣れているものの、驚かさないように優しく触れ合おう。*

「ニタマ」が休みの日は伊太祈曽駅の「よんたま」が代行します。

全国の動物駅長ブームのさきがけとなった貴志川線の猫駅長ですが、本来臆病な猫に制服を着せて、大勢の人に見せる行為には批判的な意見もあります。かわいがるだけでなく、猫がどんな気持ちでいるかも、一度考えてみましょう。

貴志駅の駅舎は猫の顔のようにデザインされました。住民の大切な足である貴志川線には、今日も全国から多くの鉄道ファンや猫ファンが訪れています。

JR西日本

舞鶴線

東舞鶴～綾部間 ［営業キロ］26.4km

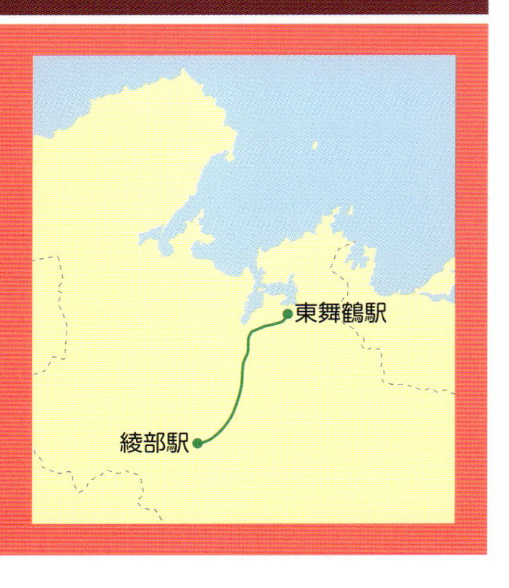

［最初の区間の開業］1904（明治37）年11月3日／東舞鶴～綾部間
［最後の区間の開業］―
［複線区間］なし
［電化区間］東舞鶴～綾部間／直流1500ボルト
［旅客輸送密度］3222人

峠を二度越えて、舞鶴の街を目指す

JR西日本の舞鶴線は京都府舞鶴市の東舞鶴駅を起点とし、京都府綾部市の綾部駅を終点とする路線です。起点の東舞鶴駅には小浜線、終点の綾部駅には山陰線と、ともにJR西日本の路線が接続しています。法規上の起点と終点とはいま挙げたとおりです。しかし、実際には綾部駅を起点とし、終点の東舞鶴駅を目指す路線として営業が行われています。本書でも綾部駅から紹介しましょう。

綾部駅では東西方向に線路が敷かれています。舞鶴線の列車は綾部駅を出発しますと、東に向かって進み、300mほど山陰線の複線と並走した後、右に曲がった山陰線に対してそのまままっすぐ進んで分かれました。ほどなく長さ344mの下由良川橋りょうで由良川を渡ります。

下由良川橋りょうを通った後、列車はすぐに左に曲がり、平均して10パーミルほどの上り坂が始まりました。線路の周囲は主に水田地帯です。国道27号を右に見ながら並走し、ときおり住宅が建ち並ぶなかを進みます。

綾部駅から2つ目の梅迫駅から1kmほど過ぎたところが峠です。この峠越えは下り坂のほうがこう配が平均して16.7パーミルと

○舞鶴線の終点・綾部駅。この駅は舞鶴線と山陰線綾部～福知山間の開業と同時に開設され、開業当時はまだ京都駅方面への山陰線は開通していなかった。*

○舞鶴線の普通列車は、小浜線から乗り入れるものはJR西日本の125系電車、他はJR西日本の113系電車（写真）や115系電車、223系電車が用いられる。113系、115系はともに国鉄時代につくられた車両だ。淵垣～綾部間

○京都〜東舞鶴間を結ぶ特急「まいづる」が舞鶴線を行く。車両には写真に見えるJR西日本の287系電車のほか、北近畿タンゴ鉄道・WILLER TRAINSのKTR8000形ディーゼルカーも用いられている。淵垣〜綾部間　アマナイメージズ提供

急で、しかも線路の周囲には山が迫ってきました。舞鶴若狭自動車道の高架橋をくぐったあたりで伊佐津川と並走するようになり、狭い谷間を国道27号とともにうねうねと坂を降りていきます。

梅迫駅から7.3km離れた隣の真倉駅に着くころには周囲は開けてきました。真倉駅を出発してから2kmほどでようやく峠越えの坂道は終わり、列車は直線基調の線路を走ります。と同時に舞鶴市の市街地となり、進んでいくうちに左側から38ページで紹介した北近畿タンゴ鉄道・WILLER TRAINSの宮津線の単線が近づき、寄り添うように走りながら西舞鶴駅に到着です。

西舞鶴駅を出ますとあとは隣駅となる終点の東舞鶴駅を目指すだけとなります。ところが、6.9kmの区間には白鳥峠が立ちはだかっていて、列車は25パーミルもの急こう配に挑まなくてはなりません。

列車は西舞鶴駅を出発しますと右に曲がり、坂を上っていきます。山あいの区間ながら舞鶴市内ということもあり、多くの住宅が建ち並んでいます。直線基調で走りながらトンネルを2つくぐると白鳥峠です。続く下り坂もやはり直線がちでして、左に曲がりますと高架橋を走るようになりました。建物が密集するなかを走り、高架橋上に設けられた東舞鶴駅に到着します。

○舞鶴線の起点となる東舞鶴駅は、いっぽうでJR西日本小浜線の終点だ。両路線は棒のように1本線路で結ばれており、同じ路線のようにも見える。*

JR西日本

山陽線 支線・和田岬線(通称)

兵庫〜和田岬間 [営業キロ]2.7km

[最初の区間の開業]1890(明治23)年7月8日/兵庫〜和田岬間

[最後の区間の開業]—

[複線区間]なし

[電化区間]兵庫〜和田岬間/直流1500ボルト

[旅客輸送密度]3万9631人(山陽線全線の数値)

工場への通勤客をのせ、大都会のエアポケットを走る

JR西日本の山陽線は日本を代表する大幹線でして、関西地方では複々線の区間もあってローカル鉄道路線の趣は感じられません。そのようななか、2012(平成24)年度の旅客輸送密度が5358人程度と推測される区間があります。それも大都市の兵庫県神戸市の中心にほど近い場所でです。

山陽線の支線である通称、和田岬線は、神戸駅の一つ西隣りにある兵庫駅から海沿いの工業地帯の和田岬駅まで、ひげのように延びた2.7kmの支線です。そのルーツは、現在の山陽線を建設していた山陽鉄道が、兵庫港に陸揚げされた鉄道用の資材を運搬するために建設した貨物線。かつては周辺の工場へ多数の専用側線が分岐していましたが、現在はほぼ通勤専用の路線となっています。列車は朝、夕のみ運行されており、休日には1日わずか2本しか運行されていません。

起点の兵庫駅には、改札内に和田岬線専用の改札があります。和田岬線には途中駅がないため、乗車券の販売・確認・回収などの業務はすべて兵庫駅で行っているのです。

プラットホームには、国鉄時代から使われてきた懐かしい103系電車が多くの場合、止まっています。この路線は、大都市の路線であるにもかかわらず、昔から貴重な古い車両が使われているのが特徴です。1990(平成2)年までは

○和田岬線で使用されているのはJR西日本の103系電車や207系電車だ。写真の103系は国鉄時代に製造された車両で、しかも原型に近いため、昭和にタイムスリップしたかのような感覚を覚える。兵庫〜和田岬間

○和田岬線の普通列車の車内。通勤客が向かう方向と反対であったり、土曜日や休日となると車内は写真のとおり空いている。*

○和田岬支線の普通列車が旋回橋を渡る。正式には和田旋回橋といい、長さは16mだ。兵庫〜和田岬間

JR旅客会社で最後となった茶色い旧型客車が運行されていたのもこの路線。工場へ通勤する乗客で満員になるため、客車はほとんどの座席を撤去しており、乗客はほぼ全員、立っていたものでした。現在は、普通のロングシートの電車が使われています。

平日夕方の和田岬駅行きの列車に乗ってみましょう。利用者のほとんどは工場から帰宅する人ですので、人の流れとは逆方向となる兵庫駅行きはガラガラです。兵庫駅を出発した列車はすぐに左にカーブし、阪神高速道路3号神戸線の下をくぐります。右に見える大きな工場は、川崎重工業の兵庫工場。新幹線の電車をはじめとする数々の鉄道車両を製造してきた工場で、完成した車両が敷地内の引込線から和田岬線を経由して輸送されることもあります。

川崎重工業を過ぎると、兵庫運河を渡る短い鉄橋に差しかかります。この鉄橋は、中央の橋脚が回転する構造の旋回橋（せんかいきょう）。正式名称は長さ16mの和田旋回橋です。昔は橋げたがぐるりと回って、船を通していました。残念ながら現在は固定されており、旋回することはできません。

○和田岬駅はプラットホーム、そしてその近くに雨除けの屋根が設けられただけの素っ気ないつくりだ。*

電車はそのまま南東に向かってまっすぐ走り、終点・和田岬駅に到着。プラットホームには沿線の工場から帰宅する大勢の乗客が待っています。駅前の大通りには、神戸市交通局海岸線の和田岬駅があり、2001（平成13）年に地下鉄の海岸線が開業した際には、多くの人が地下鉄に移るといわれました。しかし、実際には現在も多くの人が和田岬線を利用しています。都会のローカル線といった趣の和田岬線ですが、沿線の人々にとってはなくてはならない生活路線なのです。

JR西日本

阪和線 支線・羽衣線（通称）

鳳～東羽衣間 ［営業キロ］1.7km

［最初の区間の開業］1929（昭和4）年7月18日／鳳～東羽衣間

［最後の区間の開業］—

［複線区間］なし

［電化区間］鳳～東羽衣間／直流1500ボルト

［旅客輸送密度］10万5860人（阪和線全線の数値）

元は海水浴のために建設された観光路線

大阪府大阪市天王寺区にある天王寺駅と、和歌山県和歌山市にある和歌山駅との間を結ぶJR西日本の阪和線は、関西でも有数の通勤路線です。その阪和線に1駅だけ枝分かれする支線があるのをご存じでしょうか。大阪府堺市西区の鳳駅から分岐し、大阪府高石市の東羽衣駅を終点とする通称、羽衣線です。羽衣線の旅客輸送密度は、2012（平成24）年度の統計から4773人程度と推測されます。JR西日本の通称、和田岬線（58ページ）と同様、大都市のエアポケットのような区間を紹介しましょう。

阪和線、そして阪和線の支線である通称、羽衣線の列車が発着する鳳駅。普通列車をはじめ、快速や区間快速も停車する。

鳳駅では羽衣線の列車は専用の5番乗り場から発着します。電車は2018（平成30）年の3月から新車に切り替えられ、JR西日本の225系という電車が4両編成で活躍中です。

天王寺駅方面が北北東、和歌山駅方面が南南西にそれぞれ向いた鳳駅を羽衣線の列車は南南西に向けて出発しました。和歌山駅方面の複線とはすぐに離れ、急カーブで右に曲がって東北東を目指します。

住宅や商店が密集する鳳駅の構内を抜けますと、目の前に高架橋が現れました。列車は軽やかなペースで高架橋を上っていきます。市街地とはいえ、背の高い建物が少ないからでしょう。高架橋からの眺めは開放感に満ちています。何よりも空が広く感じられるでしょう。

列車は高架橋をひたすらまっすぐに進みます。800mあまり進んだでしょうか。列車はわずかに右に曲がり、高架橋上に設けられた東羽衣駅に入線します。

前方をよく見ますと、ほかにも鉄道の高架橋があり、羽衣線に対しほぼ直角に延びてい

○阪和線鳳〜東羽衣間を行く普通列車。車両前面の表示は「羽衣線」となっている。写真の電車は2018年3月まで活躍したJR西日本の103系電車。現在は同社の225系電車が用いられている。

ることに気づくでしょう。この線路は南海電気鉄道南海本線の複線でして、東羽衣駅から100mも離れていない場所に羽衣駅があり、乗り換えが可能です。ということはわざわざ羽衣線を建設しなくても、東羽衣駅周辺の人々は鉄道を利用できることになります。

実をいいますと、阪和線を建設した阪和鉄道は海水浴客を誘致するために羽衣線を整備したのです。羽衣駅から西に400mほど行きますと羽衣公園にたどり着きます。1960年代を迎えるまではこのあたりは海岸でして、阪和鉄道は多数の利用者が望める東羽衣駅（開業当時の駅名は阪和浜寺駅）へと線路を延ばしたのです。南海電気鉄道との競争は激しかったそうですが、それも昔の話となりました。阪和鉄道は1940（昭和15）年12月1日に南海電気鉄道に吸収合併され、羽衣線も南海本線も同じ会社の路線となったのです。その日々も長くは続かず、1944（昭和19）年5月1日には国有化され、JR西日本へと引き継がれていまに至ります。

○東羽衣駅は羽衣線の終点である。南海電気鉄道南海本線の羽衣駅からも近い。*

○東羽衣駅から西に進むと浜寺公園がある。広大な敷地にはさまざまな施設があり、なかでもばら庭園と交通遊園との間を結ぶ子供汽車は興味をそそられるであろう。子供汽車の線路の長さは約1.5kmあり、羽衣線の営業キロに匹敵する。*

JR西日本・嵯峨野観光鉄道

嵯峨野観光線

トロッコ嵯峨〜トロッコ亀岡間　[営業キロ]7.3km

[最初の区間の開業]1899（明治32）年8月15日／トロッコ嵯峨〜トロッコ亀岡間
[最後の区間の開業]—
[複線区間]なし
[電化区間]なし
[旅客輸送密度]4367人

保津峡の絶景を楽しめる観光路線

嵯峨野観光線は京都府京都市右京区のトロッコ嵯峨駅を起点とし、京都府亀岡市のトロッコ亀岡駅を終点とする7.3kmの路線です。線路はJR西日本が所有し、旅客営業を同社の子会社である嵯峨野観光鉄道が担当しています。

この路線は1989（平成元）年3月4日まで、JR西日本の山陰線の嵯峨駅（現在の嵯峨嵐山駅）と馬堀駅との間でした。JR西日本は、単線で電化されていなかったこの区間の線路を複線に増やし、電化することとし、その際にカーブを減らして距離の短い新線を建設したのです。

旧線となった区間は廃止の運命をたどる予定でした。しかし、保津川に沿って敷かれた旧線は保津峡と呼ばれる景勝地を走ってい

○保津峡に沿って深い峡谷のなかを行く。かつてここは幹線の山陰線であり、特急列車まで運転されていたとはいまでは信じられない。トロッコ保津峡〜トロッコ亀岡間*

○嵯峨野観光線のトロッコ列車に用いられる客車。「トロッコ」とは元は簡易な手押し車の意味をもち、転じて開放感を高めた車両を指すようになった。トロッコ亀岡駅*

○桜の咲くころ、トロッコ列車が保津川橋りょうを渡っていく。この橋りょうは1928年にかけ替えられたものだ。トロッコ嵐山〜トロッコ保津峡間*

○5両編成のトロッコ列車のうち、機関車寄りの1両は写真のように窓ガラスがない。この車両は「ザ・リッチ」号と呼ばれ、夏には心地よい風を浴びながら旅を楽しめる。*

まして、1991（平成3）年4月27日に嵯峨野観光線として生まれ変わったのです。

山陰線の嵯峨嵐山駅に併設（へいせつ）のトロッコ嵯峨駅を出発した列車はいったん山陰線に合流します。列車は、最後部に連結されたディーゼル機関車が、その前に連結の5両の客車を押すという編成です。客車は先頭寄りの4両が窓の大きな車体をもち、ディーゼル機関車寄りの1両は窓ガラスがなく、開放感にあふれる車内となっています。

前方にトンネルが見えてきました。列車は左に分かれ、いよいよ山陰線の旧線区間に進入し、分岐と同時にトロッコ嵐山駅に到着します。先頭寄りの客車がトンネルの中に停車しているのは、プラットホームの長さが短いためです。

列車はしばらくの間、左側が保津川、右側が山の急斜面というなかを走ります。線路の両側には桜が並んで植えられました。春にはそれは見事な花を咲かせます。

山陰線の新線をくぐった後、長さ84mの保津川橋りょうで保津川を渡ります。トロッコ保津峡駅を過ぎますと、峡谷はさらに深くなりました。線路の各所に落石除けのおおいが設けられていまして、観光鉄道としてはともかく、通常の旅客営業を行うには厳しい環境であることがわかります。

山陰線の新線との交差は3カ所あり、真ん中の1カ所は嵯峨野観光線がトンネルに入っているので気がつきにくいでしょう。最後の交差を過ぎますと大きく左に曲がり、8カ所あるうちの、最後のトンネルです。くぐり終えた後も峡谷は続きますが、やがて周囲が開けてきました。ほどなく終点のトロッコ亀岡駅に到着です。この駅は山陰線の馬堀駅から徒歩10分ほどのところにあります。

鞍馬寺

鞍馬山鋼索鉄道

山門〜多宝塔間 [営業キロ]0.2km

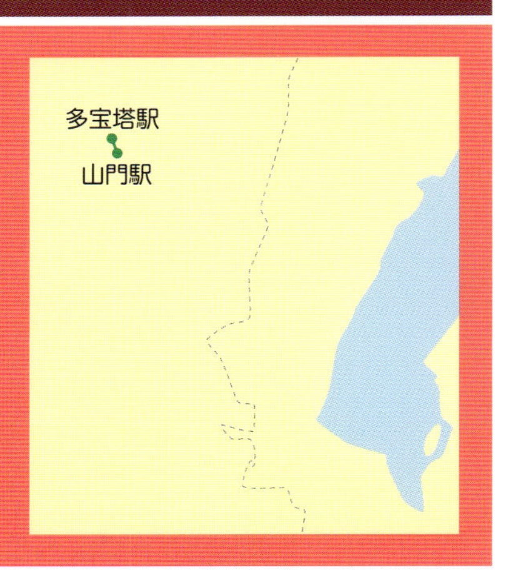

[最初の区間の開業]1957(昭和32)年1月1日/山門〜多宝塔間
[最後の区間の開業]—
[複線区間]なし
[電化区間]なし
[旅客輸送密度]83人

全国でただ一つ、寺院が運営する鉄道

総本山鞍馬寺は44ページで紹介した叡山電鉄叡山本線の終点・鞍馬駅からすぐの場所が入口です。古神道や密教の修行場でもあった神聖な鞍馬山にあり、後に源義経となる牛若丸が修行をした寺としても知られています。

鞍馬駅から歩き、仁王門をくぐった先にあるケーブルカーが鞍馬山鋼索鉄道、通称鞍馬山ケーブルカーです。この鉄道は、運営方式がとても珍しいことで有名。というのも、日本で唯一寺院、つまり宗教法人が運営している鉄道なのです。乗車前にはお金を支払いますが、これは運賃ではなく「ケーブル寄進」と呼ばれています。お寺は営利団体ではないので、鞍馬山内の施設維持のためにお金を寄付してくれた方にお礼としてケーブルカーで運んであげましょうというわけです。ケーブル寄進を支払うと、木の葉の形をした「参拝記念乗車票」がもらえます。

それでは、ふもとにある山門駅から列車に乗りましょう。乗車票を受け取って待合室で待っていると、作務衣を着た係員に呼ばれて

○叡山電鉄鞍馬線の鞍馬駅から鞍馬山鋼索鉄道の起点、山門駅までの間にある鞍馬寺の仁王門。この門が山門と呼ばれることから起点の駅名となった。*

○車内が階段状になった鞍馬山鋼索鉄道の車両。写真の車両は「牛若號IV」の一代前の「「牛若號III」だ。
朝日新聞社提供

鞍馬山鋼索鉄道の車両は長さ約9m、幅約1.6m、高さ約3mととても小さい。鉄道の車両というよりも、ゴルフ場などで見かけるカートのように見える。朝日新聞社提供

小さな車両が待つホームに出ます。現在の車両は2016（平成28）年に登場した四代目の「牛若號Ⅳ」。乗車定員は約30人で、階段状の通路の両側に1列ずつ座席が設けられています。多くのケーブルカーは2台の車両が交互に行き来していますが、鞍馬山ケーブルカーは車両が1台しかありません。所要時間は約2分で、15分間隔で運行されています。

山門駅から多宝塔駅までの距離はわずか0.2km、国土交通省が認可した鉄道事業者としては最も短い路線です。それでも、両駅の標高差は89mもあり、最大の傾斜度は26.5度、こう配は498.6パーミルに達します。山門駅を出ると、ケーブルカーは鞍馬山の森をまっすぐ登ります。木々に阻まれ、見晴らしはあまりよくありません。それでも、後ろを振り返ると山門駅の瓦屋根がどんどん小さくなり、険しい山を登っていることを実感します。

終点の多宝塔駅に近づくと、線路の周囲に灯籠が並び、車両とともに参拝者を明るく照らす。朝日新聞社提供

終着駅の多宝塔駅からは、起伏の少ない参道を歩いて本殿へ向かいます。途中で、ケーブルカーを利用しない人が通る九十九折参道と合流。やがて到着する本殿金堂は、狛犬ならぬ2頭の虎が守っています。「阿吽の虎」と呼ばれ、「あ」から始まり、「ん」で終わることから宇宙のすべてを包容するといわれています。

本殿からさらに奥へ歩いていくと、護法魔王尊をまつる奥の院の「魔王殿」が厳かに建っています。ここから貴船神社を経て、叡山電車の貴船口駅まで歩いて下山できます。

近畿日本鉄道

生駒鋼索線 鳥居前～生駒山上間

［営業キロ］2.0km

西信貴鋼索線 信貴山口～高安山間

［営業キロ］1.3km

［最初の区間の開業］1918（大正7）年8月29日／鳥居前～宝山寺間（生駒鋼索線）、1930（昭和5）年12月15日／信貴山口～高安山間（西信貴鋼索線、全通）
［最後の区間の開業］1929（昭和4）年3月27日／宝山寺～生駒山上間（生駒鋼索線）
［複線区間］鳥居前～宝山寺間（生駒鋼索線）
［電化区間］鳥居前～生駒山上間（生駒鋼索線）、信貴山口～高安山間（西信貴鋼索線）／交流200ボルト
［旅客輸送密度］710人（生駒鋼索線）、158人（西信貴鋼索線）

生駒山、信貴山を目指す近鉄のケーブルカー

大手民鉄の近畿日本鉄道（近鉄）は、奈良県生駒市に生駒鋼索線、大阪府八尾市に西信貴鋼索線とケーブルカーの路線を2つ所有し、旅客営業を行っています。生駒鋼索線は、いずれも近鉄の奈良線、けいはんな線、生駒線の各線の列車が発着する生駒駅にほど近い鳥居前駅を起点とし、生駒山上駅を終点とする2.0kmの路線です。いっぽうの西信貴鋼索線は近鉄の信貴線の列車も発着する信貴山口駅を起点とし、高安山駅を終点としています。営業キロは1.3kmです。

まずは生駒鋼索線の列車に乗ってみましょう。鳥居前駅を訪れますと、他のケーブルカーとは異なっている点にいくつか気づきます。まずは線路が2組敷かれているという点でして、複線のケーブルカーは全国でもここだけです。正確には単線が2組並んで敷かれており、途中の行き違い地点では4組の線路が並んでいて複々線のように見えます。

2組の線路には名前がつけられました。鳥居前駅から山の上のほうを見て左側が宝山寺1号線、右側が宝山寺2号線です。

続いては線路の周囲が市街地であるという点です。そのためか、ケーブルカーとしては珍しい踏切が3カ所設けられました。

○生駒鋼索線の鳥居前～宝山寺間を行くケーブルカー。写真は宝山寺1号線で用いられているコ11形12号車で、「ミケ」という愛称をもつ。

西信貴鋼索線の高安山駅に列車が到着した。写真の車両はめでたい雲を意味する祥雲から、「しょううん」と愛称が付けられた。*

最後の特徴は乗ってみるとわかります。生駒鋼索線は鳥居前駅から0.9km先の宝山寺駅までの路線と、宝山寺駅から生駒山上駅との間の1.1kmの路線という具合に、実は2つの路線から成り立っているのです。近鉄は、鳥居前～宝山寺間を宝山寺1号線または宝山寺2号線、宝山寺～生駒山上間を山上線と案内しています。

生駒鋼索線の利用者の多くは、生駒の聖天とも呼ばれる宝山寺を参拝する人たちです。いっぽう、生駒山上駅まで行く人は、生駒山の山頂を目指す人か駅前にある生駒山上遊園地を訪れる人たちとなります。山上線は単線でして、山あいを行くケーブルカーらしい路線です。

次は西信貴鋼索線の列車に乗ってみましょう。信貴山口駅を出発しますとすぐに深い山の中を走ります。最も急なこう配は生駒鋼索線が333パーミルであったのに対し、こちらは480パーミルとさらに急で、2つのケーブルカーを乗り比べると、とても険しい山に感じられるでしょう。

高安山駅に着きましたら、信貴山門行きのバスに乗り換えます。「信貴山の毘沙門さん」として親しまれている朝護孫子寺や遊戯施設の「信貴山のどか村」はバスを降りるとすぐそばです。

生駒鋼索線の宝山寺～生駒山上間には、梅屋敷、霞ヶ丘と2つの駅が設けられた。写真は梅屋敷駅に列車が到着したところ。車両はコ15形16号車で「スイート」と呼ばれる。*

信貴山口駅で出発を待つ西信貴鋼索線の「しょううん」。車両の前面には荷台が設けられ、小荷物の輸送も行われる。*

水間鉄道

水間線

貝塚〜水間観音間 [営業キロ] 5.5km

[最初の区間の開業] 1925(大正14)年12月24日/貝塚南(現在は廃止)〜名越間
[最後の区間の開業] 1934(昭和9)年1月20日/貝塚〜貝塚南(現在は廃止)間
[複線区間] なし
[電化区間] 貝塚〜水間観音間/直流1500ボルト
[旅客輸送密度] 3601人

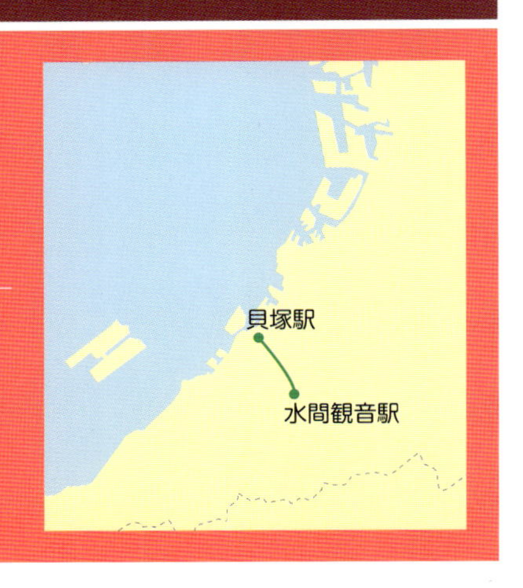

市街地を抜け、厄除け観音を目指す

水間鉄道の水間線は、南海電気鉄道南海本線の列車も発着する貝塚駅を起点とし、水間観音駅を終点とする5.5kmの路線です。線路はすべて大阪府貝塚市に敷かれています。水間線の沿線はほぼすべてが市街地ですが、地域に根ざしたという本来の意味でのローカルという意味合いを色濃く残した路線です。

北東方向の難波駅方面から、南西方向の和歌山市駅方面へと敷かれた南海本線の複線の南東側に、水間線のプラットホームは置かれています。貝塚駅から南西方向に出発した水間線の列車はすぐに左に曲がり、南海本線と分かれました。相当な急カーブでほぼ直角に曲がった結果、列車の向きは南南東となっています。

カーブを曲がり切った後は直線基調の区間です。列車の前方を見ますと、一直線に線路が延びているのがわかるでしょう。線路は緩やかな上り坂となっていますので、これから目指す先が少し上のほうに見えるのも興味深い点です。それから、遠く線路の奥には和泉山脈の山々が控えています。正面に見えるのは標高858mの葛城山です。

○近義の里駅の1駅水間観音駅寄りにある石才駅を、貝塚駅行きの列車が走り去る。車両は水間鉄道の1000形電車で、元は大手私鉄の東京急行電鉄で用いられていた電車だ。*

水間鉄道の7000系電車。1000形同様に東京急行電鉄から来た。営業には使用されないが、東京急行電鉄での姿とほぼ同じため、鉄道愛好家たちの人気が高く、しばしば撮影会などに駆り出される。*

水間寺への玄関口であることから、水間観音駅は寺院風のつくりの駅舎をもつ。この駅舎は1926年1月の開業以来使用されており、国の登録有形文化財となった。写真に見える駅名標も趣があるため、旧駅名の「水間駅」のものが引き続き掲げられている。*

水間寺は奈良時代の744年に行基によって開山されたと伝えられている。写真左は三重塔で、奥に控えているのが本堂だ。*

直線の線路上を走り出してまもなく、列車は貝塚市役所前駅に到着しました。駅自体は単線の横に1面のプラットホームを置いただけの簡素なつくりですが、駅の周辺には市役所をはじめ、市民図書館や市立総合体育館、大阪府立貝塚高等学校、市立第一中学校と、さまざまな文化施設、教育施設がそろっています。

貝塚市役所前駅を出ますとほどなく近義の里駅に到着です。両駅間の距離は0.4kmしかないですし、沿線の景色も似たような住宅地で、そのうえ駅のつくりも似ているので、慣れないと降り間違えてしまうでしょう。ちなみに「近義」とは、朝鮮半島からの渡来人の姓にちなんだものであるなど諸説ありますが、はっきりはわかりません。

近義の里駅から2駅目の清児駅を出発し、名越駅が近づきますと列車は左に曲がります。いったん直線になって、行き違いが可能な名越駅に到着です。

列車は名越駅を出発しますと今度は右に曲がり、再び南南東に向きを定めます。相変わらずの市街地のなかを列車は進み、名越駅から3駅目の三ヶ山口駅を出ますと大阪外環状線の高架橋が現れました。この高架橋をくぐると電車の車庫が見え、水間観音駅に到着です。

駅名の由来となった水間観音は駅から南に500mほどのところにあります。正式には天台宗別格本山の水間寺でして、厄除け観音として古くから人々の信仰を集めてきました。

神戸電鉄

粟生線

鈴蘭台～粟生間　[営業キロ] 29.2km

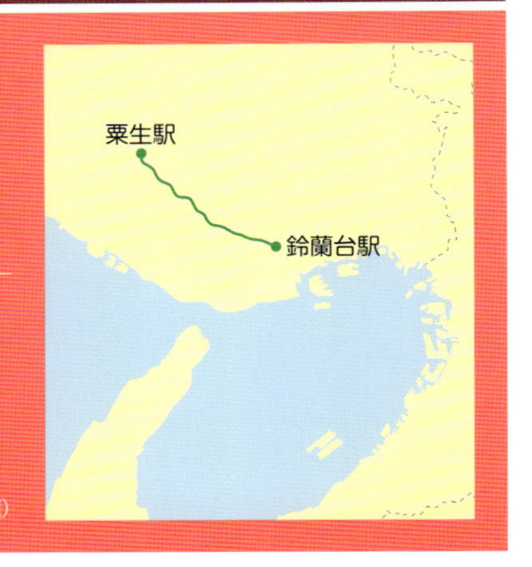

[最初の区間の開業] 1936（昭和11）年12月28日／鈴蘭台～広野ゴルフ場前間
[最後の区間の開業] 1952（昭和27）年4月10日／小野～粟生間
[複線区間] 西鈴蘭台～藍那間、川池信号場～押部谷間
[電化区間] 鈴蘭台～粟生間／直流1500ボルト
[旅客輸送密度] 1万6661人（有馬線、三田線、公園都市線、粟生線、神戸高速線を合わせた数値）

廃止がうわさされる神戸市近郊の通勤路線

神戸電鉄の粟生線は、兵庫県神戸市北区にあり、同じく神戸電鉄有馬線の列車も発着する鈴蘭台駅を起点とし、兵庫県小野市にあり、JR西日本加古川線や北条鉄道北条線の列車も発着する粟生駅を終点とする29.2kmの路線です。神戸市近郊の通勤路線として発展し、途中には複線区間も設けられました。

にもかかわらず、いま粟生線は廃止がささやかれています。2013（平成25）年度に670万人の利用者がいましたが、その数は年々減っており、毎年10億円以上の赤字を出しているからです。しかも、多額の建設費を投入した複線化が仇となって、神戸電鉄の財政状況は悪化しているといわれます。

有馬線、三田線、公園都市線、粟生線、神戸高速線と5路線を抱える神戸電鉄は各線ごとの旅客輸送密度を公表していません。そのようななか、京阪神交通圏といいまして、JR西日本の大阪駅を中心とする半径50kmの範囲内の路線に関しては行政側で旅客輸送密度が公表されており、粟生線のうち鈴蘭台駅と押部谷駅との間の11.2kmでは2012（平成24）年度に1万2604人を記録しました。ただし、複線区間もある鈴蘭台～押部谷間でも利用者数は大きく減っていて、2005（平成17）年度には251万人いましたが、2012年度には93万人しか乗っていないのです。

神戸電鉄は2018年に有馬線の開業90周年を迎えたことを記念し、高度経済成長期の塗装に戻したメモリアルトレインの運転を行った。写真左は1960年代から80年代までのオレンジとシルバーグレーとの、写真右は1950年代から60年代までのスプリンググリーンとシルバーグレーとの、それぞれツートンカラーをまとった電車だ。*

終点・粟生駅の一つ前にある葉多駅に停車中の粟生線の普通列車。駅の周辺は市街地となっていて、利用者があまり多くないというのが不思議なほどだ。*

粟生線の今後の見通しははっきりとしません。しかし、いまは粟生線の列車に乗ることが大切です。さっそく鈴蘭台駅に行きましょう。

有馬温泉駅に向かう有馬線の線路と同じく、粟生線の列車は北に向かって出発しました。列車はすぐに左に曲がり、同時に50パーミルのこう配の坂を上っていきます。腰掛に座っていても身体が後ろに傾くほどの急坂です。住宅地のなかを走って鈴蘭台西口駅、次いで西鈴蘭台駅と停車していきます。

西鈴蘭台駅を出ますと山岳路線の趣が強くなりました。2駅先の木津駅を過ぎますとようやく市街地が現れます。次の木幡駅から7駅先の三木上の丸駅までは新興住宅地が続き、この駅からも2駅先の大村駅までは沿線の大部分は市街地です。

大村駅から先は田畑が増えてきました。次の樫山駅までは大村坂越と呼ばれる峠越えとなります。線路の周囲は水田が目立ちますが、木々が立ち並び、見通しは利きません。市場駅を出ますと切り通しのなかを走り、さらに周囲はよく見えなくなります。

次の小野駅の前後で市街地となりますが、ほどなく途切れ、再び列車の周りは水田地帯となりました。葉多駅を過ぎて加古川を渡ると終点・粟生駅に到着です。

粟生線の起点となる鈴蘭台駅。写真のとおり、4組の線路が敷かれているうち、粟生線の列車は写真左の4番乗り場から、残る3組の線路からは有馬線の列車がそれぞれ発着する。*

三木上の丸駅近くの三木城趾から粟生線を見たところ。写真に見える川は美嚢川で、写真奥が粟生駅方面となる。

北条鉄道

北条線

粟生～北条町間 [営業キロ] 13.6km

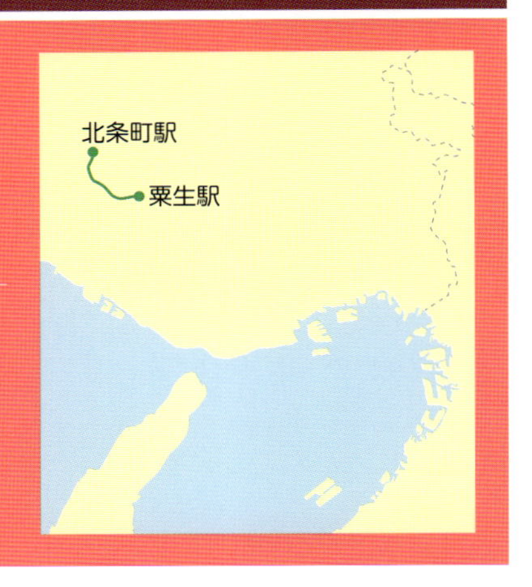

[最初の区間の開業] 1915（大正4）年3月3日／粟生～北条町間
[最後の区間の開業] —
[複線区間] なし
[電化区間] なし
[旅客輸送密度] 751人

駅前に国宝を模した三重塔が建つ

北条鉄道の北条線は、兵庫県小野市にあり、JR西日本加古川線や神戸電鉄粟生線の列車も発着する粟生駅を起点とし、兵庫県加西市にある北条町駅を終点とする13.6kmの路線です。この路線は、29ページでも紹介したJR西日本の加古川線の前身でもある播州鉄道により、1915（大正4）年3月3日に全線が一度に開業しています。

その後、1943（昭和18）年6月1日に国有化され、戦後も国鉄の北条線として親しまれてきました。しかし、1970年代に入って利用が低迷した結果、特定地方交通線に指定されます。1985（昭和60）年4月1日に第三セクター鉄道の北条鉄道へと転換されました。

粟生駅では北条線の列車は、加古川線の列車とプラットホームを共用していて、加古川線の線路の向かい側から発着します。加古川線の谷川駅方面と同じ向きに出発した北条線の列車は、200mあまり加古川線の線路と並走した後、左へと分かれました。このカーブは結構急なうえ、かなり大きく曲がるのが特徴です。最初は北に向かっていた列車は南西へと向きを変えました。線路の周囲は広々とした水田地帯で、季節によっては菜の花が咲

4月も半ばを過ぎるころ、北条線の沿線では菜の花が見ごろを迎える。播磨横田～北条町間

法華山一乗寺への参拝口でもある法華口駅は、同寺の三重塔を模した塔があることで知られている。*

○見渡す限りの水田の中を行く。車両の姿が鏡のように水面に映し出されている。法華口～播磨下里(はりましもさと)間*

いているのを見ることができるでしょう。

南西へとまっすぐに走り出した列車は右側から近づいてくる丘陵を避けるように走り、さらに右に曲がって今度は東北東、次いで北東を目指します。やがて列車の右側に市街地が現れました。なぜか住宅の多いところに駅はなく、そろそろ市街地が途切れそうというところでようやく列車は止まりました。粟生駅の次の網引(あびき)駅です。

北条線の沿線は大部分が水田地帯でして、険しい山岳区間はありません。でも北条町駅に向かって緩やかな上り坂となっています。

網引駅から2駅目の法華口(ほっけぐち)駅は、駅から直線距離で4kmほどのところにある法華山一乗寺(ほっけさんいちじょうじ)への参拝口ということから名づけられました。法華山一乗寺とは、天竺(てんじく)の高僧、法道(ほうどう)仙人が650年に開山したと伝えられる天台宗(てんだいしゅう)の寺です。境内には、どちらも国宝の三重塔(さんじゅうのとう)や絹本著色(けんぽんちゃくしょく)聖徳太子及(および)天台高僧像（全10幅(ぷく)）があり、国宝に指定されています。駅前にはその三重塔を模した塔が建てられていますし、駅舎自体も古風な日本建築の建物ですから、途中で降りて見学するのもよいでしょう。

○北条町駅で出発を待つ団体臨時列車。使用されているのは北条鉄道のフラワ2000形ディーゼルカーである。*

列車は広々とした水田地帯を走りながら、徐々に方向を北へと定めました。前方に大型の商業施設が見えてきましたら終点の北条町駅に到着です。

紀州鉄道

紀州鉄道線

御坊～西御坊間　[営業キロ]2.7km

[最初の区間の開業]1931(昭和6)年6月15日／御坊～紀伊御坊間
[最後の区間の開業]1932(昭和7)年4月10日／紀伊御坊～西御坊間
[複線区間]なし
[電化区間]なし
[旅客輸送密度]247人

御坊駅と御坊市の中心部とを結ぶ

紀州鉄道の紀州鉄道線は和歌山県御坊市にあり、JR西日本紀勢線の列車も発着する御坊駅を起点とし、同じく御坊市の西御坊駅を終点とする2.7kmの路線です。

紀勢線の御坊駅は御坊市の市街地の北の端に設けられました。そこで、御坊駅と御坊市の市街地の中心部との間を結ぶため、御坊臨港鉄道という名の私鉄が1931（昭和6）年6月15日にまずは御坊駅と紀伊御坊駅との間を結んだのがいまの紀州鉄道線の始まりです。

御坊臨港鉄道は1972（昭和47）年8月31日に紀州鉄道と社名を改めます。同時に紀州鉄道はさまざまな事業に乗り出します。初めは別荘事業でして、いまでは会員制リゾートクラブの運営や管理ですとかホテル事業などが事業の柱となりました。

関連事業が成長したことから、御坊市にあった本店は1978（昭和53）年11月には大阪

○御坊駅と学門駅との間を紀州鉄道線の列車が行く。車両は紀州鉄道のKR形ディーゼルカーで、もとは信楽高原鐵道信楽線を走っていた。*

○紀伊御坊駅に併設された紀伊御坊車庫に休む紀州鉄道のディーゼルカー。写真右はキテツ1形で、北条鉄道を走っていた車両だ。写真左は2009年に営業を退いたキハ600形で、現在は沿線の本町商店街で保存されている。

府大阪市に移ります。さらに、1980（昭和55）年5月には東京都へと移転し、紀州鉄道線とはずいぶん離れてしまいました。でも、紀州鉄道が鉄道事業に寄せる情熱は失われていないように見えます。赤字続きの紀州鉄道線を廃止にするという話は出ていないからです。

広大な構内をもつ御坊駅の南端に紀州鉄道の乗り場は設けられています。紀勢線の和歌山市駅方面と同じ西南西向きとなって列車は御坊駅を出発しました。するとすぐに列車は左にほぼ直角に折れるように曲がり、南南東を目指します。

線路の周囲は水田、その奥には住宅が建ち並んでいて、やがて前方左側に大きな建物が見えてきました。御坊市立御坊中学校、そして和歌山県立日高高校に同校の附属中学校です。これらの学校群が近づきますと列車は右に曲がり、学門駅に到着しました。駅名は学校の門が近いことにちなんでいます。次の紀伊御坊駅で販売されているこの駅の入場券は「入学」となることから、受験シーズンにはよく売れるそうです。

○紀州鉄道線の沿線の多くは住宅密集地だ。線路と住宅との距離は一部で接近しており、ディーゼルカーは軒先をかすめるかのように走り抜ける。市役所前～西御坊間*

○プラットホームと駅舎とが一体化した終点・西御坊駅。古さは隠せないものの、近年壁の一部が補修された。*

学門駅からわずか0.3kmで、車庫が併設されている紀伊御坊駅に到着しました。このあたりまで来ますと線路の周囲は建物ばかりとなり、水田は見られません。

紀伊御坊駅を出発すると左カーブに差しかかり、列車の右側に御坊市役所が姿を現しました。しかし、列車はそのまま通り過ぎ、200mほど走ってから思い出したかのように停車します。この駅が市役所前駅です。

市役所前駅を出ますと建物の密集度はさらに高まり、線路の近くまで住宅が迫ります。家々の軒先をかすめるかのように列車は慎重に走り、終点の西御坊駅に到着です。

●著者略歴

梅原 淳（うめはら・じゅん）

1965年生まれ。三井銀行（現在の三井住友銀行）、月刊「鉄道ファン」編集部などを経て、2000年に鉄道ジャーナリストとして独立。『ビジュアル 日本の鉄道の歴史』全3巻（ゆまに書房）『JRは生き残れるのか』（洋泉社）『定刻運行を支える技術』（秀和システム）をはじめ多数の著書があり、講義・講演やテレビ・ラジオ・新聞等へのコメント活動も行う。

ワクワク!! ローカル鉄道路線
関西編

2019年3月28日　初版1刷発行

著者　梅原 淳
執筆協力　栗原 景
発行者　荒井秀夫
発行所　株式会社ゆまに書房
東京都千代田区内神田2-7-6
郵便番号　101-0047
電話　03-5296-0491（代表）

印刷・製本　株式会社シナノ
本文デザイン　川本 要

ISBN978-4-8433-5333-2 C0665